갖고 싶은
나만의
리본DIY

갖고 싶은
나만의
리본DIY

초판 1쇄 인쇄 | 2012년 3월 20일
개정판 1쇄 발행 | 2016년 5월 20일

지은이 | 성윤서
사진 | FANTA studio
스타일링 | 김해선

발행인 | 정유정
발행처 | 인사이트윙스
출판등록 | 제 2015-000082호(2015년12월23일)

주소 | 서울시 마포구 양화로 59, 1202호(서교동)
전화 | 02-6010-0883   **팩스** | 02-906-9888

ⓒ 성윤서, 2016

ISBN | 979-11-957-3574-7 (13590)

· 책값은 뒤표지에 있습니다.
· 파본은 구매하신 서점에서 바꿔드립니다.
· 이 책은 저작권법에 따라 보호받는 저작물이므로 무단전재와 복제를 금지합니다.

사랑스런 리본 액세서리 & 선물 포장 115

갖고 싶은 나만의 리본DIY

성윤서 지음

인사이트윙스

PROLOGUE

평생 친구이자 애인인 남편에게,

당신과 함께 살아가며 순간순간 내게 찾아오는 기쁨과 행복, 돈으로 살 수 없는 것이 너무나 많았습니다. 그 모든 시간을 '가족 앨범'에 기록하고 있습니다. 그 안에는 당신과 처음 본 영화표, 혼인신고서, 아이들의 출생신고서, 당신에게 받은 작은 메모 한 장까지 시간의 흐름을 따라 차곡차곡 들어 있습니다. 우리가 함께 살면서 지내온 이런 삶의 순간들을 모두 모아 가족박물관을 만드는 게 저의 꿈이랍니다.

잘못 만들어진 머리핀 때문에 손을 다친 큰딸의 모습에 마음 아파 시작한 리본DIY. 반짝거리고 예쁜 걸 좋아하는 둘째의 웃음소리에 더욱 즐거워진 리본DIY. 사랑하는 사람을 위해 시작한 일이 가족박물관에 놓여질 또 하나의 기록으로 세상에 나왔습니다.
이 책에는 당신과 함께 원단을 고르고 아이디어를 교환하던 시간들과 독자의 눈으로 냉정하게 말하던 당신의 모습이 담겨 있습니다. 또한 작업을 하면서 엄마가 만들어준 리본이 달린 드레스를 입고 춤을 추는 아이들의 모습이 떠올라 즐거웠습니다. 그 기쁨이 너무나 크고 행복해서 오늘도 꼼지락 리본DIY를 합니다.

세상의 모든 여자들이 저처럼 아내, 며느리, 엄마, 딸이라는 이름으로 살아갑니다. 이 책이 그런 평범한 아줌마들에게 꼭 필요한 실용서로서 가치를 다하고, 알뜰살뜰 가정을 꾸리는 엄마들에게 소중한 추억을 만들어주는 매개체가 된다면 더욱 빛나는 삶의 조각이 될 테죠. 당신과 나의 기록이 기쁨과 행복을 전달하길 함께 빌어주세요.

"하나님이 우리에게 보내준 보석들, 목표를 위해 노력하고
계획하는 걸 좋아하는 첫째, 상냥하고 밝은 웃음으로 요리하기를
좋아하는 둘째, 다부지며 호기심과 도전하는 걸 좋아하는 셋째,
우리 부부에게 섬길 수 있는 시간을 줘서 고맙고 사랑한다."

성윤서

CONTENTS

Prologue 004
Basic01 리본과 도구 소개 010
Basic02 액세서리 기초 014
Basic03 포장 기초 016

PART 1
시선을 사로잡는 액세서리

STYLE 01
사랑하는 아기를 위한 베이비스타일

반짝반짝 진주를 품은 **장미핀** _ 022
우는 아이 달래는 **달콤캔디핀** _ 025
봄날의 들판을 닮은 **봄소풍핀** _ 026
백일과 돌을 축하하며 **천사표컬칩+엄마용 헤어핀** _ 027
포근하게 감싸주는 **폭신폭신헤어밴드** _ 030
아이의 패션센스를 높이는 **레이디반지&귀걸이** _ 032
하늘하늘 더욱 사랑스러운 **분홍꽃밴드** _ 034
4월의 이야기 **벚꽃슈슈** _ 036
멋을 아는 패션키즈의 필수품 **가채밴드** _ 038
따뜻한 외출을 위한 **양머리비니** _ 040

STYLE 02
소녀를 위한 로맨틱 액세서리 발레리나스타일

발레리나의 봄소풍 **플라워슈슈** _ 042
깔끔한 헤어스타일의 필수 **시크릿그물핀** _ 044
한 마리의 우아한 백조처럼 **블랙스완밴드** _ 046
곰돌이와 함께 춤을 **곰돌이똑딱핀** _ 048
봄소식을 들려주는 **개나리요정핀** _ 051
때론 우아하게, 때론 사랑스럽게 **발레리나헤어밴드** _ 052
시골 아가씨 **지젤의 모자핀** _ 053
제주도의 바닷빛을 닮은 **파도소리헤어밴드** _ 054
내가 바로 주인공! **카르멘의 핀** _ 056
어깨에 살짝 내려앉은 꽃송이 **함박꽃어깨장식** _ 058

STYLE 03
어디에도 잘 어울리는 내추럴스타일

엄마와 딸이 함께 하는 **커플리본핀** _ 060
밋밋한 원피스에 포인트! **눈꽃송이목걸이** _ 062
언제나 나를 보며 방긋! **구름빵헤어밴드** _ 065
폭신폭신~ 뭉게뭉게~ **마시멜로슈슈** _ 067
새 머리끈을 하고 뛰어보자! **바니걸슈슈** _ 068
푸른 들을 신나게 달려보자 **하이디헤어밴드** _ 070
화려하진 않지만 수수해서 좋은 **피크닉헤어밴드** _ 072
알록달록 상큼하게~ **애플핀** _ 074
기분 좋아지는 빛깔 **봄봄헤어밴드** _ 076
풍성해서 더욱 멋스러운 **꽃잎가득코르사주** _ 078
소녀의 로망이 담긴 **프로방스헤어밴드** _ 080

STYLE 04
하이틴 영화의 주인공처럼! 프레피스타일

여름에 잘 어울려요~ **스트라이프핀** _ 082
파스텔 하늘에 피어난 **구름가득헤어밴드** _ 084
학교 가는 길이 즐거워지는 **앨리스헤어밴드** _ 086
수줍은 고백처럼 **로맨틱핀** _ 088
꼬마 신사의 화려한 외출 **체크보우타이** _ 090
엄마의 마음을 담은 **하트핀** _ 093
해변으로 가요~ **마린슈슈** _ 094
겨울에 외출할 때 잊지 마세요~ **보송보송귀마개** _ 095
프레피룩에 잘 어울리는 **엣지핀** _ 098

STYLE 05
소박해서 마음이 더욱 끌리는 컨트리스타일

벌도 나비도 깜빡 속은 **들꽃똑딱핀** _ 100
속삭이는 바람의 소리가 들려요~ **인디걸헤어밴드** _ 102
리본 속의 리본! **더블리본핀** _ 104
정겨움이 한가득~ **시골풍경슈슈** _ 106
따스한 햇살이 빛나는 **밀짚모자핀** _ 109
비오는 날 만난 친구 **우비소녀브로치** _ 110
깡충깡충 잘도 뛴다 **토끼헤어밴드** _ 111
달콤함이 그대로 전해지는 **스마일헤어밴드** _ 112
행운을 부르는 **인디언슈슈** _ 114
옹기종기 모아서 만든 **단추핀** _ 116

STYLE 06
그녀는 뭔가 특별해! 럭셔리스타일

위풍당당! **호피헤어밴드** _ 118
엄마와 함께 자매처럼 **트윈버터플라이핀** _ 120
몽환적 상상 **바이올렛코르사주** _ 122
단아하고 우아한 **별바라기헤어장식** _ 124
클래식 스타일의 포인트! **블랙시크핀** _ 126
두 가지 톤의 조화 **브라운가리비핀** _ 128
명품보다 더 값진 **럭셔리핀** _ 130
반짝반짝 빛나는~ **비즈리본핀** _ 132
환한 빛이 들어오다 **달맞이코르사주** _ 134
달달한 하루 **레이디헤어밴드** _ 136

STYLE 07
특별한 날을 위한 스페셜스타일

곱게 차려입은 한복과 함께! **궁중댕기** _ 138
양갓집 규수가 따로 없어요~ **연꽃비녀** _ 140
시원한 모시옷에 어울리는 **연둣빛머리핀** _ 143
쪽머리를 더욱 가지런하게~ **공주의 빗살핀** _ 144
세자빈의 단아함이 가득 담긴 **배씨헤어밴드** _ 145
Happy 할로윈! **호박헤어밴드** _ 148
가자! 디즈니랜드로~ **미키마우스헤어밴드** _ 150
코가 빨개진다! **루돌프헤어밴드** _ 152
뽀송뽀송 귀여운 **소공녀똑딱핀** _ 154
모직 코트와 매칭하기 **X-mas브로치** _ 156

PART 02
선물을 더 기대하게 하는 포장

FOR YOU 01
어렵지 않고, 심플해서 좋아요 네추럴포장

- 리본포장의 기본01 **싱글나비보우포장** _ 160
- 리본포장의 기본02 **나비보우포장** _ 162
- 리본포장의 기본03 **트리플보우포장** _ 164
- 리본포장의 기본04 **더블나비보우포장** _ 166
- 빈티지한 느낌이 좋아! **책포장** _ 168
- 우연의 효과로 자연스럽게~ **종이찢기포장** _ 170
- 동화 속 이야기가 담긴 **컨트리포장** _ 172
- 원단을 이용해 특별하게~ **주름레이스포장** _ 174
- 포장지는 필요 없어요! **스카프포장** _ 176
- 피크닉보자기를 이용한 **와인포장** _ 178

FOR YOU 02
감사한 마음을 담은 답례품포장

- 아기 엄마들에게 인기 최고! **기저귀케이크** _ 180
- 포장꽃이 활짝 피었습니다! **볼펜&타월포장** _ 183
- 젊은 엄마의 맛있는 선물 **약밥포장** _ 186
- 밋밋한 백설기는 가라~ **떡포장** _ 188
- 꽃보다 아름다운 **화동부케** _ 190

FOR YOU 03
고풍스러운 느낌이 가득한 전통포장

- 귀한 선물을 전해요! **궁중포장** _ 192
- 한복을 입은 선물 **저고리포장** _ 194
- 팔각함을 부드럽게 감싸는 **보자기포장** _ 196
- 포장에도 예를 갖추다 **예단포장** _ 198
- 전통의 미를 그대로 살린 **오리엔탈포장** _ 200

FOR YOU 04
아이들과 함께 하면 더욱 좋아요 큐티포장

깜찍한 포장지 하나면 완성! **도트포장** _ 202
아이들에게 인기만점 **강아지포장** _ 204
밤하늘의 커다란 별을 올린 **별별포장** _ 206
리본 없이도 할 수 있어요~ **털방울포장** _ 208
아기머리띠를 이용한 **베이비포장** _ 210
똑같은 쇼핑백은 안녕~ **쇼핑백포장** _ 213
각 잡을 필요 없어요~ **파스타포장** _ 216
도일리페이퍼로 장식하는 **날개포장** _ 218
종이를 접어서 특별하게 **부채포장** _ 220
위트가 넘치는 **삼각포장** _ 222

FOR YOU 05
특별한 날을 더욱 특별하게 기프트데이포장

행운의 메세지 **포춘쿠키포장** _ 224
부활절에 꼭 필요한 **달걀포장** _ 226
할로윈데이에 어울리는 **막대사탕포장** _ 228
스타킹을 이용한 재미있는 **3단포장** _ 230
크리스마스에 마음을 전해요 **삼각별포장** _ 232

FOR YOU 06
이보다 더 화려할 순 없다 럭셔리포장

코르사주의 기본! **코르사주포장1** _ 234
작은 상자에 어울려요 **코르사주포장2** _ 236
더욱더 화려하게~ **가베라코르사주포장** _ 238
하늘거리는 모습이 매력! **접시꽃장식포장** _ 240
물이 일렁이는 듯한 **물결코르사주포장** _ 242
고급스러운 느낌이 가득한 **가시장미포장** _ 244
봄처녀의 산뜻함을 가진 **장미다발코르사주포장** _ 247
상자보다 풍성해요 **작약코르사주포장** _ 250
때론 세련되게~ **회오리장미포장** _ 252
블랙&화이트의 조화 **와이어꽃포장** _ 255

부록

리본공예 전문점 _ 258
리본 패턴 _ 261

Basic 01 리본과 도구 소개

01 Ribbon

주로 사용하는 리본

- **공단리본**
  약간의 광택이 있고, 부드러운 소재의 리본으로 선물포장, 액세서리 등 다양하게 활용한다. 공단리본 중 무늬가 있는 공단무늬리본은 아이용 액세서리를 만들기에 적당하다.
- **스티치리본**
  리본 라인에 홈질한 것처럼 스티치무늬가 있는 리본이다. 포장이나 팬시용품에 포인트를 줄 때 사용하면 좋다.
- **골지리본**
  리본 앞뒤로 골이 패여 있으며 공단리본에 비해 도톰한 것이 특징이다. 고급스러운 느낌이 나는 골지스티치리본, 아이용 머리끈과 핀에 알맞은 골지무늬리본, 로맨틱한 느낌을 살릴 수 있는 피코트골지리본 등 다양한 골지리본이 있다.
- **오건디리본**
  소재가 얇고 가벼워 시원한 느낌을 주어 여름용 액세서리를 제작할 때 사용하면 좋다.

활용도가 높은 스페셜리본

- **면리본**
  면사를 이용해 만든 리본으로 내추럴한 느낌을 살릴 때 사용하면 좋다.
- **원단리본**
  원단을 리본 형태로 길게 가공한 것. 무늬와 색감이 다양해 액세서리, 포장 등에 두루 활용한다. 원단리본의 한 종류로 한복느낌이 나는 양단리본은 댕기나 전통포장을 할 때 주로 이용한다.
- **망사리본**
  발레리나 스타일의 액세서리를 만들 때 주로 사용한다. 러블리하고 로맨틱한 느낌을 살리기에 알맞다.
- **스웨이드리본**
  얇은 두께의 스웨이드로 장식에 포인트를 주거나 가벼운 포장을 할 때 사용한다.
- **폴리리본**
  폴리에스테르와 기타섬유가 혼방돼 만들어진 리본으로 하늘하늘한 것부터 무게감이 있는 것까지 다양해 색다른 리본으로 주목받고 있다.
- **메탈리본**
  금속성분이 들어간 섬유로 제작된 리본으로 물세탁이 안 되며, 반짝거리고 화려한 게 특징이다.

tip
리본 외에도 원단을 사용해 액세서리 만들기와 포장을 할 수 있다. 집에서도 자투리 천으로 쉽게 리본 공예를 시작해보자.

도구

- **공예용 가위**
  끝이 날카롭고 섬세해 리본과 원단을 자르기에 좋다.
- **실과 바늘**
  리본의 모양을 잡을 때 사용하는 필수품. 펠트색실을 일반실 보다 튼튼해서 공예용으로 사용하기 알맞다.
- **접착제**
  글루건과 글루심, 양면테이프를 주로 사용한다. 금속장식을 붙일 때 공예용 본드(E-6000)를 사용하기도 한다.
- **자**
  정확한 재단을 위해 필요하다.
- **공예용 니퍼**
  고리, 체인 등을 연결할 때 이용한다.
- **라이터**
  리본이나 원단의 올을 정리할 때 사용한다.
- **핀셋**
  작은 진주나 보석을 고정할 때 쓰인다.

부자재

- **헤어핀**
  자동핀, 빼빼로대, 납작 자동핀, 똑딱핀을 주로 사용했다. 넓이와 길이가 다양하므로 머리숱에 따라 알맞은 사이즈의 핀으로 선택해 작업한다.
- **헤어밴드**
  헤어밴드 안쪽이 빗처럼 처리된 빗살 헤어밴드, 얇은 니켈 헤어밴드, 두 줄로 만들어진 두 줄 헤어밴드, 빗살이 없는 감는 헤어밴드를 사용했다. 감는 헤어밴드는 어떤 리본으로 헤어밴드를 감느냐에 따라 여러 느낌을 줄 수 있다.
- **헤어끈**
  아이용 방울끈을 만들 때 주로 사용하는 꽃캡 고무줄. 꽃 모양의 캡에 장식을 달면 바느질 자국을 가리면서 튼튼하게 만들 수 있어 일석이조다. 그 외에도 일반 고무줄, 둥근 볼 형태의 캡으로 된 외캡 고무줄 등을 사용했다.
- **브로치**
  브로치는 주로 집개 겸용 브로치를 사용해 활용도를 높였다. 포장을 장식하는 코르사주를 브로치로 만들면 액세서리로도 활용이 가능하다.

Basic 02 액세서리 기초

01 리본보우

1\. 반을 접어 중심을 표시하고 리본을 꼬아 포갠다(싱글보우).

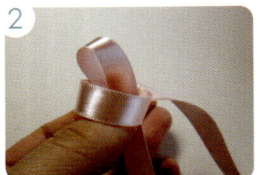

2\. 반대쪽 리본을 돌려 고리를 만든다.

3\. 고리 사이로 리본을 반만 빼 완성한다.

tip 우리가 알고 있는 리본 묶기 방법이다.

02 삼각대

1\. 고리가 생기도록 꼰다.

2\. 고리 사이로 리본 한쪽을 넣어 당겨 삼각매듭을 짓는다.

tip 삼각대는 홈질로 리본의 양을 잡은 장식의 가운데를 가리기 위해 사용한다.

03 핀대 감싸기

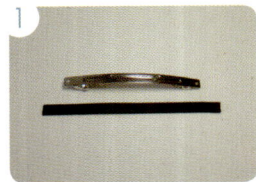

1\. 핀대보다 더 길게 리본을 자른다.

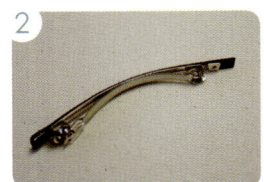

2\. 리본을 핀대에 올려 글루로 고정하고, 여분의 리본을 아래로 접어 마무리한다.

04 집개핀 감싸기

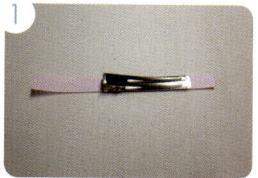

1
손잡이 쪽의 리본이 더 길게 남도록 핀을 올린다.

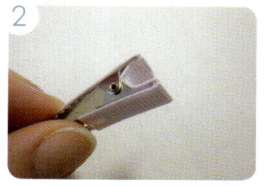

2
리본을 손잡이 굴곡에 따라 덮고, 글루로 고정한다.

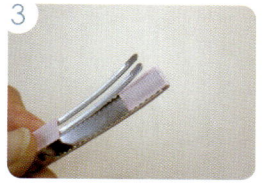

3
집개를 벌린 뒤 사진처럼 리본을 안으로 접어 붙인다.

05 감는 헤어밴드 감싸기 A

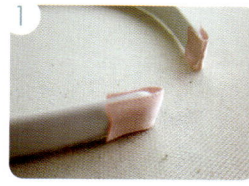

1
리본을 조금씩 잘라 사진처럼 양 끝을 감싼다.

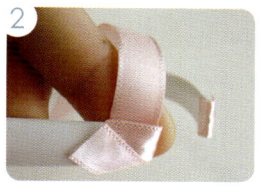

2
밴드 한쪽에 사선으로 리본을 고정시킨다.

3
리본을 팽팽하게 당기면서 밴드의 2/3지점까지 감는다.

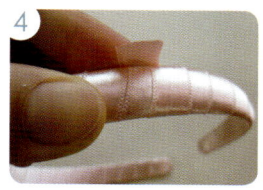

4
반대편 끝부터 3의 마무리지점까지 감아 마무리한다.

tip 과정4 이음매 부분에 장식을 달아 깔끔하게 가린다.

06 감는 헤어밴드 감싸기 B

1
헤어밴드에 양면테이프를 붙인다.

2
양면테이프를 떼면서 밴드와 폭이 같은 리본을 붙인다.

3
밴드 둘레보다 조금 길게 검은색 골지리본 2장을 자른다.

4
사진처럼 한쪽이 좁게 여분을 남기고 리본 위에 밴드를 올린다.

5
여분을 먼저 안으로 접어 글루로 고정한다.

6
남은 리본도 덮어 붙인다.

7
리본이 벌어지지 않게 밴드 끝부분에도 글루를 발라 오므린다.

Basic 03 포장 기초

01 사각형 상자포장

1
포장지의 가로는 상자둘레+2~3cm, 세로는 상자 길이+높이*2로 재단하고 시접에 양면테이프를 붙인다.

2
상자를 중심에 두고 양옆을 접어 상자를 감싼 뒤 고정한다.

3
상자의 양옆을 사진처럼 안쪽으로 접어 넣어 양면테이프로 고정한다.

4
포장지로 상자의 위아래를 덮어 붙인다. 반대쪽도 같은 방법으로 처리해 마무리한다.

02 삼각형 상자포장

1. 삼각형 상자를 포장지 위에 올리고 밑면의 길이를 잰다.

2. 그대로 눕혀서 삼각형의 높이를 더하고 포장지를 세로로 자른다.

3. 자른 종이에 사진처럼 상자를 세운 뒤 상자를 두르고 2cm의 여분을 남기고 자른다.

4. 한쪽 끝을 1cm로 접고 그대로 길게 반으로 접었다 편다.

5. 양면테이프를 상자 폭 길이로 자른다.

6. 양면테이프도 반으로 접은 뒤 그 선과 포장지의 접은 선을 맞춰 붙인다.

7. 포장지를 삼각형 모서리에 맞추고 포장지로 한 번 돌려서 감싼다.

8. 남은 부분도 상자에 맞춰 접은 뒤 양면테이프로 고정한다.

9. 포장지의 이음매가 있는 부분을 사진처럼 안쪽으로 접는다.

10. 양옆의 포장지도 같은 방법으로 모서리에 맞춰 접는다.

11. 남은 한 면도 세 개의 라인이 한 점에서 만나게 모아 접는다.

12. 양면테이프로 포장이 펴지지 않게 고정해 완성한다.

03 원형 상자포장

1 포장지를 가로는 원통둘레+1cm, 세로는 원통길이+원지름+2cm로 재단한다.

2 포장지의 세로를 1cm 안쪽으로 접은 뒤 반으로 접는다.

3 이어서 반으로 접고, 다시 반으로 접는다.

4 포장지 중심과 원통길이 중심을 맞추고 남은 포장지 양쪽을 접어서 표시한다.

5 포장지를 펼쳐 모든 주름이 바깥쪽을 향하도록 다시 접는다.

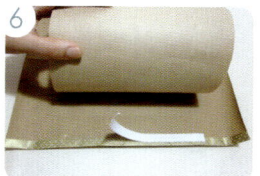

6 안쪽으로 접은 시접에 양면테이프를 붙인다.

7 4의 접은 선에 맞춰 상자를 놓고, 종이를 두르고 양면테이프로 고정한다.

8 5의 주름선을 세워 주름선과 주름선 사이를 상자 중심에 맞게 누른다.

9 사진처럼 같은 방향으로 주름을 잡아 마무리한다.

 tip 과정 1에서 정확하게 재단하는 법

세로는 포장지에 원형상자를 세워 원을 그리고, 그대로 눕혀서 포장지 끝과 상자 끝이 맞도록 자른다. 가로는 종이를 가볍게 상자에 두르고 1cm 정도 여유를 두고 자른다.

Part 01

시선을 사로잡는
액세서리

style01 **사랑하는 아기를 위한 베이비스타일**

반짝반짝
진주를 품은 **장미**핀

재료
- 연노란색 무광공단리본(폭 2.5cm) 1마
- 카키색 무광공단리본(폭 2.5cm) ½마
- 도트무늬 원단리본(폭 1cm) ½마
- 녹색 스웨이드리본 ½마
- 진주(지름 1.5cm) 2개
- 자동핀(길이 3.5cm) 2개

1

연노란색 리본을 5~6cm가량 안쪽으로 접는다.

2

이어서 사진처럼 직각이 되도록 리본의 끝부분을 아랫방향으로 접은 뒤 핀으로 고정한다.

3

긴쪽의 리본(리본B)을 맨 뒤로 가도록 사진처럼 위로 올려 접는다.

4

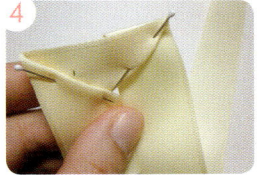

3의 올려 접은 리본B를 다시 맨 뒤로 가도록 접은 다음 핀으로 고정한다.

5

다시 리본B를 바깥쪽으로 접어 삼각형을 만든 다음 안쪽을 핀으로 고정한다. 이때 리본이 벌어지지 않도록 조심한다.

6

리본B를 안쪽으로 접어 리본A 위로 오도록 엇갈려 놓는다. 이어서 리본B를 점선을 따라 삼각형이 되도록 접는다.

7

여분의 리본을 가위로 잘라 정사각형이 되도록 한다.

8

리본의 테두리를 따라 모두 홈질한다.

9

바느질하면서 실을 잡아당겨 오므린다.

10

바느질을 하지 않은 부분을 펼쳐 장미 모양으로 만든다.

11

연노란색, 카키색, 도트무늬 리본을 14cm로 각각 2장씩 잘라서 준비한다.

12

사진처럼 리본을 얹고 양쪽을 포개 접어 가운데를 홈질해 실을 당겨 매듭짓는다. 카키색 리본도 홈질해 모양을 잡는다.

13

만든 두 개의 리본을 사진처럼 포갠 뒤 연결하고, 가운데를 도트무늬 리본으로 깔끔하게 감싸 마무리한다.

14

10의 장미에 진주를 넣어 고정한다. 스웨이드리본은 나비보우로 만든다.

15

리본 위에 장미를 얹어 고정하고, 옆에 스웨이드리본을 달아 모양을 잡는다. 이것을 자동핀 위에 붙여 완성한다.

style01 **사랑하는 아기를 위한 베이비스타일**

캔디핀
& 봄소풍핀

우는 아이 달래는 달콤캔디핀

재료
- 보라색, 분홍색 스웨이드리본 각각 1마
- 무광 공단마무리리본 ½마
- 도트무늬 원단리본 (폭 1cm) 20cm 1줄
- 하트모양 반쪽진주 (폭 0.7cm) 4개
- 미니 집게핀 (길이 3.4cm) 2개
- 펠트 약간

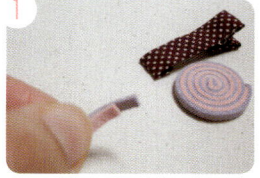

1 스웨이드리본의 끝을 약 3mm가량 차이를 두고 두 개의 리본을 겹친다.

2 1의 리본을 풀어지지 않게 사진처럼 돌돌 만다.

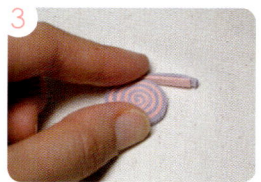

3 원하는 크기가 되면 리본의 끝을 3mm 정도 차이가 나도록 자른 뒤 고정해 사탕알을 만든다.

4 크기를 재고 똑같이 사탕알을 하나 더 만든다.

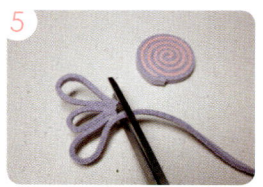

5 보라색 스웨이드리본을 꽃잎모양이 되도록 겹겹이 잡은 뒤 글루로 고정하고 여분을 자른다.

6 5의 리본을 사탕알 양쪽에 붙여 사탕모양을 완성한 뒤 뒤집어 크기에 맞게 자른 펠트를 고정한다.

7 미니 집게핀 위에 올리고 반쪽진주, 마무리리본으로 만든 나비보우를 붙여 달콤한 핀을 완성한다.

> **tip 같은 크기로 사탕알 만들기**
> 스웨이드리본은 늘어나기 쉬우므로 같은 길이로 잘라서 만들더라도 '힘 조절'에 따라 캔디의 크기가 달라진다. 한 개를 만든 뒤 그 크기와 비교하며 두 번째 캔디를 만드는 것이 좋다.

style01 사랑하는 아기를 위한 베이비스타일

봄소풍핀
봄날의 들판을 닮은

재료
- 레이스(폭 4cm) 38cm 1장
- 도트무늬 원단리본 (폭 1cm) 12cm 4줄
- 꽃무늬 면원단 (가로 12*세로 8cm) 1장
- 꽃무늬 면원단 (가로 2.5*세로 6cm) 1장
- 스웨이드리본 30cm 1장
- 스티치 나무단추 (지름 1.5cm) 1개
- 집게핀(길이 5cm) 1개
- 펠트 약간

1
꽃무늬 원단(가로 12*세로 8cm)을 사진처럼 중심을 기준으로 위아래를 안쪽으로 접는다.

2
이어서 양옆도 가운데로 0.5cm가량 겹치게 접는다. 겹치는 부분을 홈질한 채로 실을 당겨 매듭짓고, 모양을 잡는다.

3
스웨이드리본으로 나비보우 형태를 만들어 글루로 고정하고, 2의 리본 위에 올린다.

4
꽃무늬 원단(가로 2.5*세로 6cm)을 폭 1cm가 되게 3등분으로 접어 3의 리본허리를 감싼 뒤 단추를 붙여 리본장식을 완성한다.

5
레이스의 한 쪽 라인을 홈질하면서 실을 당겨 주름을 잡는다.

6
도트무늬 리본의 3줄은 양 끝을 맞닿게 모아 접어 고정한다.

7
6의 리본을 사진처럼 겹쳐서 붙인 다음 가운데 글루를 바르고 리본장식을 올린다.

8
홈질한 레이스를 도넛처럼 모양을 잡고 7의 장식을 올려 고정한다.

9
8의 뒷부분에 지름 5cm로 자른 펠트를 붙여 마무리하고, 도트무늬 리본으로 감싼 핀에 고정시켜 완성한다.

style 01 **사랑하는 아기를 위한 베이비스타일**

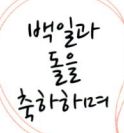

천사표 컬칩 + 엄마용 헤어핀

백일과 돌을 축하하며

재료

- 하얀색 공단리본 (폭 4cm) 4마
- 하얀색 공단리본 (폭 2.5cm) 1½마
- 레이스(폭 4cm) 3½마
- 면 레이스(폭 2cm) ½마
- 진주장식 레이스 (폭 2cm) 1마
- 누빔원단 (가로 32*세로 8cm) 1장
- 자동핀 (길이 8cm) 1개
- 하얀색 고무줄 (폭 1.5cm) 약 20cm 1줄 (개인의 머리 둘레에 따라 길이 조절)

1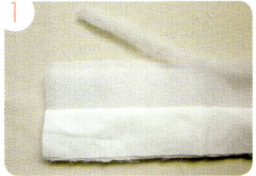

가운데만 누벼진 누빔원단을 준비하고 사진처럼 솜을 사방 1cm가량 잘라낸다. 누빔원단 대신 2장의 원단 사이에 퀼트 솜을 넣고 움직이지 않게 고정시켜 사용해도 된다.

2

아래쪽의 원단을 안으로 접어 올려서 네 면을 모두 감침질한다.

3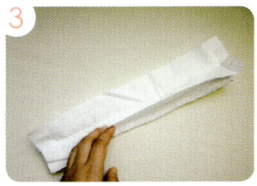

바느질이 모두 끝나면 원단을 뒤집어 놓는다.

4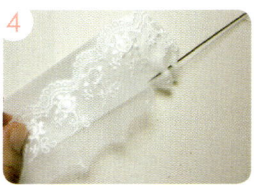

레이스와 공단리본(폭 4cm)을 1½마를 준비해, 두 장을 포갠 뒤 한쪽만 홈질한다.

5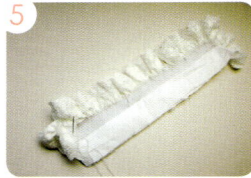

홈질한 뒤 매듭을 짓지 않은 채로 홈질한 3의 원단 사이에 넣어 3면을 둘러 핀으로 고정한다.

6

3면에 알맞게 주름의 간격을 조절해 길이를 결정한 뒤 매듭짓는다.

7

핀으로 조정된 곳을 감침질해 주름레이스를 원단에 고정한다.

8

위쪽 원단을 안으로 1cm씩 접어 넣어 핀으로 고정한다.

9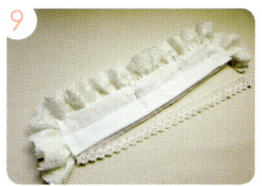

주름레이스가 없는 한쪽에는 면 레이스를 원단 사이에 넣는다.

10

이어서 깔끔하게 밑바닥 원단을 살짝 떠서 홈질해 면 레이스를 원단에 고정한다.

11

핀으로 고정해 시침을 해둔 주름 레이스도 원단과 함께 홈질해 더욱 단단하게 고정한다.

12

11의 원단 위에 공단리본을 올리고 알맞은 크기만큼 자른다.

13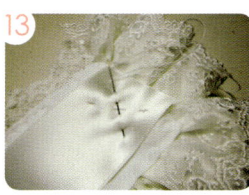

리본의 양 끝을 'X'자로 홈질한 뒤 매듭짓는다.

14 진주장식 레이스를 공단리본 한쪽 라인에 놓고, 모서리를 따라 바느질 자국이 잘 보이지 않게 겉은 짧게 뜨고, 안은 넓게 바느질한다.

15 양 모서리 모두 진주장식 레이스를 놓고 같은 방법으로 홈질한다.

16 여분의 공단리본(폭 4cm)을 사진처럼 접은 뒤 핀으로 고정한다.

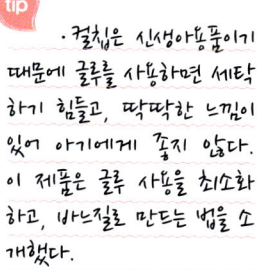

tip
· 겉침은 신생아용품이기 때문에 글루를 사용하면 세탁하기 힘들고, 딱딱한 느낌이 있어 아기에게 좋지 않다. 이 제품은 글루 사용을 최소화 하고, 바느질로 만드는 법을 소개했다.
· 초보도 쉽게 따라 하도록 고무줄을 밖으로 빼서 연결했다. 숙련된 사람은 과정 11에서 고무줄을 넣어 홈질하면 더 깔끔하게 만들 수 있다.

17 이어서 리본을 살짝 틀어서 포갠 뒤 모양을 만든다.

18 리본의 가운데를 홈질해 실을 당겨 허리를 만들고, 매듭짓는다.

19 같은 방법으로 여분의 공단리본(폭 2.5cm)도 모양을 만든 뒤 두 개의 리본을 포갠다.

20 공단리본(폭 2.5cm)으로 19의 허리를 감싸서 마무리한다.

21 레이스는 25cm, 30cm로 각각 잘라서 홈질해 주름을 잡는다.

22 두 개의 주름 잡힌 레이스를 계단 형태로 리본에 붙인다.

23 리본 뒷면에 펠트를 붙여 리본장식을 완성한다. 같은 방법으로 2개를 더 만든다.

24 누빔원단 양 끝에 리본장식을 붙이고, 남은 리본장식은 머리핀에 고정해 아이와 커플로 사용한다.

25 고무줄을 사진처럼 홈질해서 연결하고 그 위를 펠트로 마무리한다.

style01 사랑하는 아기를 위한 베이비스타일

포근하게 감싸주는 폭신폭신 헤어밴드

재료
- 주름레이스(폭 12cm) 15cm 1줄
- 기모원단리본 (폭 3cm) 30cm 2줄
- 기모원단리본 (폭 3cm) 13cm 2줄
- 살구핑크색 공단리본 (폭 1cm) 3½마
- 공단레이스리본 (폭 1.8cm) 30cm 1줄
- 아이보리색 펠트 (폭 3cm) 25cm 1줄
- 진주구슬 (지름 0.5cm) 20~25개 정도
- 감는 헤어밴드 (폭 2.5cm) 1개

1
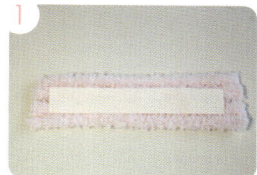
30cm의 기모원단 2줄을 나란히 놓고 가운데 위에 펠트를 붙인다.

2
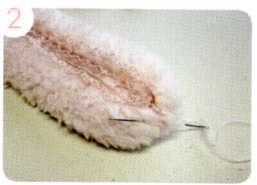
1을 뒤집어서 가운데 공단레이스 리본을 올린 뒤 사진처럼 홈질해 양 끝을 잡아당겨 둥글게 모양을 잡아 매듭짓는다.

3
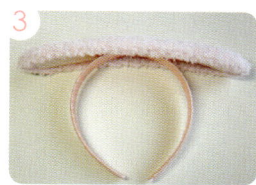
2의 원단을 살구핑크색 리본으로 감은 헤어밴드 중심에 위치시키고 글루로 고정한다.

4

주름레이스를 반으로 자른 뒤 한쪽 라인을 홈질한 채로 실을 잡아당겨 동그랗게 만든다.

5

13cm 기모원단을 양 끝 부분을 겹치도록 모은 다음 가운데 부분을 홈질한다.

6

실을 당겨 보우를 만든 뒤 매듭짓고 남은 실에 진주구슬을 5개씩 꿰어 두 줄로 감싼다.

7

살구핑크색 리본의 왼쪽을 동글게 꼰 상태에서 반대쪽을 ∞모양으로 2번 반 꼬아 사진처럼 홈질해 장식리본을 만든다.

8

4의 주름레이스, 장식리본, 6의 보우를 순서대로 붙인다.

9

8의 장식을 머리띠 양쪽에 균형감 있게 붙여 완성한다.

style01 **사랑하는 아기를 위한 베이비스타일**

아이의 패션센스를 높이는 레이디 반지 & 귀걸이

재료

반지 재료
- 반지링 2개
- 꽃모양 플라스틱 2개
- 꽃모양 레이스모티브 2개
- 흰색, 분홍색 레이스 (폭 1.5cm) 10cm 각각 1장
- 흰색 펠트 약간

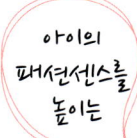

1. 꽃모양 플라스틱을 레이스모티브에 올려 고정하고, 레이스는 한쪽 라인만 홈질해 주름을 잡는다.

2. 주름레이스에 모티브를 올려 붙이고, 뒤에 펠트를 붙인다.

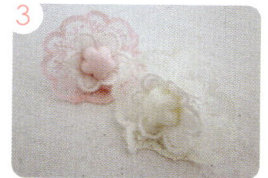

3. 반지링에 2의 장식을 올려 완성한다.

재료

귀걸이 재료
- 연두색 무광 공단마무리리본 ½마
- 초록색 무광 공단마무리리본 ½마
- 연두색 망사원단(사방 10cm) 1장
- 진주체인 5~6cm씩 2줄
- 'O'자링 2~4개
- 귀걸이고리 1쌍
- 진주구슬(지름 1.5cm) 2개

1. 망사에 진주구슬을 넣어 감싸서 실로 꽉 조인 후 매듭짓고, 시접을 남기고 여분을 자른다.

2. 시접에 'O'자링을 걸고 진주체인과 연결한다.

3. 연결부분에 마무리리본으로 만든 나비보우를 앞뒤로 붙여 이음매를 감싼다.

4. 진주체인과 귀걸이고리를 바로 연결하거나 'O'자링을 이용해도 좋다.

style01 **사랑하는 아기를 위한 베이비스타일**

하늘하늘 더욱 사랑스러운 분홍꽃밴드

재료

- 면레이스 고무줄 (폭 2.5cm) 45cm 1줄
- 반짝이 원단리본 (가로 8*세로 8cm) 6줄
- 망사 원단리본 (가로 8*세로 8cm) 10줄
- 반짝이 원단리본 (가로 10*세로 10cm) 6줄
- 펠트 약간

1
사방 8cm 정사각형으로 자른 원단리본을 반으로 접은 뒤 다시 반으로 접는다.

2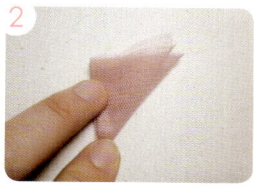
사진처럼 대각선으로 접어 삼각형을 만든다.

3
가장 긴 부분은 꽃잎의 끝이 되도록 남기고, 옆 부분을 동그랗게 자른다.

4
펼치면 사진과 같은 모양이 된다.

5
4의 원단리본을 살짝 엇갈리게 접는다.

6
다시 한 번 반을 엇갈려 접는다.

7
원단리본이 풀리지 않게 끝 부분을 바늘로 홈질한다.

8
사방 8cm로 자른 반짝이 원단리본 16장을 모두 같은 방법으로 모양을 잡아 홈질한다.

9
망사 원단 2장, 반짝이 원단 1장 순으로 바늘에 꽂아 연결한 다음 매듭지어 꽃모양을 만든다.

10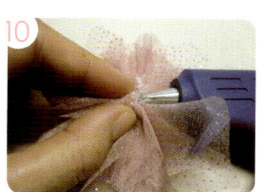
글루로 꽃이 풀리지 않도록 붙인다.

11
사방 10cm로 자른 반짝이 원단도 과정 1~7과 같은 방법으로 꽃잎을 만든다.

12
지름 3cm의 원으로 자른 펠트 위에 11의 원단을 하나씩 붙인다.

13
펠트를 붙인 곳에 만들어 놓은 9의 꽃을 고정해 풍성하게 꽃을 만든다.

14
면레이스 고무줄을 홈질로 연결해 밴드를 만들고, 부드럽게 펠트로 마무리한다. 앞면에 꽃을 붙여 완성한다.

style01 **사랑하는 아기를 위한 베이비스타일**

4월의 이야기 벚꽃슈슈

재료
- 연갈색 공단리본 (폭 2.5cm) 6cm 5줄
- 진갈색 공단리본 (폭 2.5cm) 6cm 5줄
- 망사리본(폭 3cm) 2마
- 꽃 레이스모티브 2개
- 검은색 꽃캡 고무줄 1쌍
- 꽃모양 플라스틱장식 2개

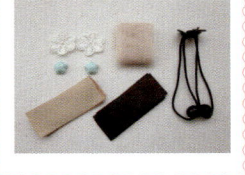

tip 망사리본은 쉽게 고정되지 않으므로 글루를 바르고 리본을 고정한 뒤 손가락으로 한동안 꾹 누르고 있다가 손을 떼야 견고하게 부착이 된다.

1
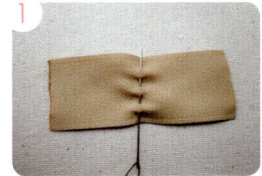
6cm로 자른 공단리본을 뒷면으로 놓고 사진처럼 가운데를 홈질한다.

2

첫 땀의 매듭 자리에 바늘을 넣어서 잡아당겨 매듭짓는다.

3
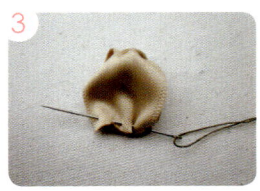
바느질한 곳을 기준으로 앞면이 나오게 반으로 접어 이음매를 홈질한다.

4

가운데에 손가락을 넣어서 풍성하게 부풀린다.

5

준비한 공단리본을 같은 방법으로 만들어 꽃잎을 완성한다.

6

만든 꽃잎을 원하는 대로 배열한 다음 글루로 고정한다.

7

6의 장식에 레이스모티브, 플라스틱장식 순으로 붙여 꽃장식을 만든다.

8

망사리본 1마씩 홈질하면서 실을 당겨 도넛모양으로 만든다.

9

8의 망사리본에 꽃장식을 올려 고정한 뒤 고무줄 캡에 완성한 장식을 붙여 완성한다.

style01 **사랑하는 아기를 위한 베이비스타일**

멋을 아는 패션키즈의 필수품 가채밴드

재료
- 토순이 패턴 1개
- 광목원단(사방 15cm) 2장
- 광목레이스 (폭 2.5cm) 15cm 1줄
- 체크리본 (폭 1.5cm) 20cm 1줄
- 검은색 스웨이드리본 10cm 1줄
- 마무리 핑크리본 20cm 1줄
- 토끼그림 나무장식 1개
- 뽀글뽀글한 줄가발 30cm 1줄
- 빨간색 면 헤어밴드 (폭 10cm) 1개
- 원형 브로치 (지름 3cm) 1개
- 주먹크기의 솜 1개 정도
- 펠트(사방 10cm) 1장

1 2장을 겹친 광목 원단 위에 토끼 패턴을 놓고 따라 그린 후 원단이 움직이지 않게 핀으로 고정한다.

2 선을 따라 좁은 간격으로 박음질 한다.

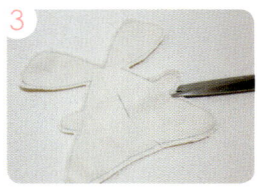

3 약 3mm가량의 시접을 남기고 자른 후 토끼 모양의 곡선이 심한 곳에 가위집을 낸다.

4 광목 한 겹에 창구멍을 내고 뒤집은 다음 귀를 제외한 나머지 부분에 솜을 넣는다

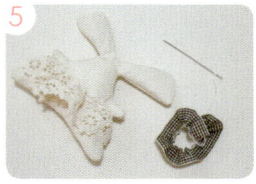

5 4의 토끼에 레이스를 둘러 홈질해 치마를 입힌다. 체크리본의 한쪽 라인을 홈질하며 실을 당겨 주름을 잡는다.

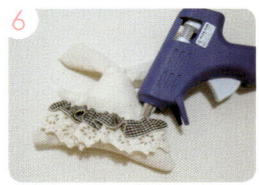

6 체크리본을 레이스 위에 덧댄 뒤 글루로 고정한다. 나무장식을 붙일 부분은 주름 펴서 고정한다.

7 스웨이드리본을 토끼 몸에 사선으로 둘러 가방끈을 만들고 그 위에 나무장식을 붙인다.

8 토끼 한쪽 귀에 마무리리본으로 나비보우를 만들어 꾸민다.

9 유성펜으로 귀엽게 토끼의 눈, 코, 입을 그린다.

10 토끼 몸과 비슷한 크기로 자른 펠트를 등에 붙이고 그 위에 브로치를 고정시킨다.

11 타원형으로 자른 펠트에 반으로 자른 줄가발의 양 끝을 모아 붙인다. 나머지 줄가발 반도 같은 방식으로 다른 펠트에 붙인다.

12 11의 가발을 밴드 양 옆 안쪽으로 붙이고, 토끼 장식 브로치를 원하는 위치에 달아 완성한다.

tip 토끼 브로치는 탈부착이 자유로워 옷이나 가방에 착용한다. 유아용품은 세탁하기 편하게 장식을 탈부착 가능하게 만드는 게 좋다.

style01 **사랑하는 아기를 위한 베이비스타일**

따뜻한 외출을 위한 양머리비니

재료

- 유아용 비니 1개
- 털 원단 (사방 13cm) 4장
- 연두색 도트무늬 원단 (가로 10*세로 10cm) 2장
- 원형 플라스틱 부속물 (지름 6cm) 2개
- 주먹크기의 솜 2개 정도
- 펠트 (가로 20*세로 6cm) 1장

1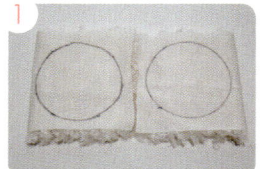
털 원단을 뒤집어 지름 10cm의 원을 그리고, 앞면이 마주보게 원단을 포갠 뒤 창구멍만 빼고 선을 따라 박음질한다.

2
시접을 남기고 선을 따라 원단을 자르고, 창구멍으로 뒤집은 뒤 솜을 넣는다.

3
창구멍은 안뜨기로 마무리한다.

4
도트무늬 원단 위에 원형 플라스틱을 놓고 시접만 남기고 자른다. 시접에 가위집을 낸 뒤 플라스틱을 감싼다.

5
4의 플라스틱에 글루를 바른 뒤 털 원단에 올리고 잘 붙게 꼭 누른다.

6
5의 뒷면 중심에 글루를 발라서 모자에 붙인다.

7
장식을 모자에 단단하게 고정하기 위해 장식과 모자 사이를 사진처럼 홈질해 완성한다.

tip 생후 3개월~1년 정도의 아이들이 사용할 수 있는 비니다.

style02 **소녀를 위한 로맨틱 악세사리 발레리나스타일**

발레리나의 봄소풍 플라워슈슈

재료
- 분홍색 망사리본 (폭 8cm) 4마
- 검은색 꽃캡 고무줄 2개
- 펠트(지름 3cm) 2장

1
망사리본을 8*8cm의 정사각형으로 잘라 42장을 만든다. 사진처럼 모서리를 중심 부분까지 돌돌 만 뒤 시침핀으로 고정한다.

2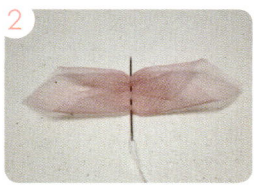
한쪽 끝도 같은 방법으로 돌돌 만 다음 중심을 홈질한다.

3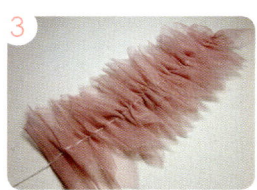
21개의 리본도 같은 방법으로 접어 2의 바늘로 홈질해 엮는다.

4
실을 당겨서 모양을 만들고 풀리지 않게 매듭진 부분을 글루로 붙인다.

5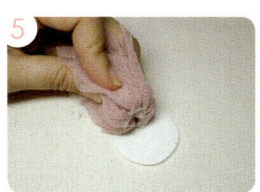
바닥이 될 부분에 글루를 바르고 펠트에 올린 뒤 완전히 굳을 때까지 기다린다.

6
글루가 굳어 단단하게 붙으면 꽃 잎을 한 장 한 장 펴서 풍성하게 만든다.

tip 망사리본은 부드러움에 따라 사용하는 양이 달라진다. 여기선 아주 얇고 부드러운 망사를 사용했다. 뻣뻣한 망사는 32장으로 재단해 만든다.

7
6의 장식을 방울에 붙이면 완성.

style02 소녀를 위한 로맨틱 악세사리 발레리나스타일

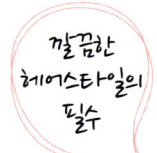

시크릿 그물핀

깔끔한 헤어스타일의 필수

재료

- 망사원단 (가로 25*세로 15cm) 1장
- 분홍색 공단리본A (폭 10cm) 25cm 1줄
- 분홍색 공단리본B (폭 4cm) 28cm 2줄
- 분홍색 공단리본C (폭 4cm) 10cm 1줄
- 자동핀(길이 10cm) 1개
- 머리망(대) 1개
- 펠트 약간

1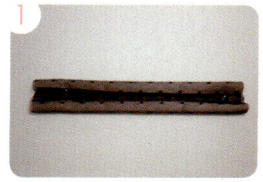
망사원단에 공단리본A를 넣고 망사원단이 겹치도록 위아래를 접는다.

2
이어서 양쪽을 0.5cm 씩 겹치게 포갠 뒤 가운데 부분을 홈질한 채로 당겨 리본을 만든다.

3
분홍색 공단리본B도 같은 방법으로 접어 리본을 만든다.

4
사진처럼 3의 리본을 포개고 공단 리본C를 삼각대를 만든 뒤 실이 보이지 않게 리본허리를 감싼다.

5
자동핀 폭에 알맞게 자른 펠트를 핀대에 붙이고, 펠트 위에 5의 리본을 글루로 붙인다.

6
자동핀에 있는 조절판을 빼서 양쪽의 'U'자형 홈에 망을 건다.

7
망을 끼운 조절판을 자동핀에 끼워 완성.

tip 아이들 무용 연습 때 사용해도 좋지만, 검은색 리본으로 만들면 직장 여성들을 위한 깔끔한 연출이 가능하다.

style02 **소녀를 위한 로맨틱 악세사리 발레리나스타일**

한 마리의 우아한 백조처럼 블랙스완 밴드

재료
- 천사날개모양 검은색 깃털 3개
- 접착식 스웨이드밴드 (폭 4cm) 1개
- '8'자형 고무줄 1개
- 티아라헤어핀 1개
- 진주 징장식 3~5개 정도
- 펠트 약간

1. 스웨이드 밴드를 반으로 접어 중심을 표시하고, 펠트는 티아라 아랫부분의 모양에 맞게 자른다.

2. 스웨이드 중심에 안전테이프를 잘라 낼 정도로만 칼집을 넣은 뒤 셔츠 형태로 벗기고 펠트를 붙인다.

3. 펠트에 티아라를 올려서 글루로 고정하고, 안전테이프를 떼어낸다. 깃털 중간에만 살짝 글루를 발라 밴드에 고정한다.

4. 남은 깃털 모두 반으로 자른다.

5. 3의 깃털 한 쪽을 들어 올려 4의 깃털 반쪽을 넣고 결에 따라 사이사이 글루로 고정한다. 나머지도 같은 방법으로 붙인다.

6. 안전테이프를 떼어낸 밴드의 끝부분에 고무줄을 넣고 밴드를 접어서 붙인 뒤 깃털을 고정해 마무리한다.

7. 징장식은 글루를 발라 고정시키면서 꾹 눌러 징을 깊게 박는다.

8. 결 따라 털을 고르게 펴서 티아라가 보이도록 정리한다.

tip
- <백조의 호수>와 같은 아이들 공연에서 사용하기 손색없다. 주인공이 백조일 경우에는 하얀색 깃털과 더 큰 티아라로 교체해 만든다.
- 4~5세 아이에게 맞는 사이즈로 더 큰 아이는 밴드형 고무줄로 대체해 만든다.

style02 **소녀를 위한 로맨틱 악세사리 발레리나스타일**

곰돌이와 함께 춤을 곰돌이 똑딱핀

재료

- 곰돌이인형 1개
- 베이지색 망사리본 (폭 14cm) 1마
- 베이지색 공단리본 (폭 1cm) 1마
- 리본모양 레이스모티브 1개
- 똑딱이핀(길이 10cm) 1개
- 큐빅 (지름 0.5cm) 6~7개
- 펠트(지름 5cm) 2개

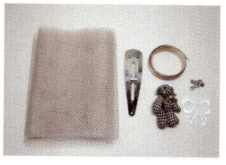

1 폭 14cm의 망사리본을 가로로 접어 반을 표시한 뒤 잘라 폭 7cm의 리본으로 만든다.

2 폭 7cm의 리본을 여러 번 접은 뒤 양쪽을 핑킹가위로 자른다.

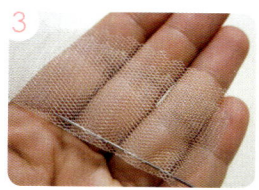

3 0.5cm 정도 차이가 나도록 가로로 길게 접고 사진처럼 리본 끝까지 홈질한다.

4 길이가 총 8~9cm가 되도록 실을 당겨 주름을 잡는다.

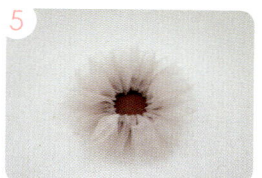

5 4의 리본을 펠트 테두리를 따라 동그랗게 붙인다.

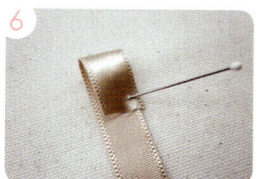

6 공단리본은 안쪽으로 접은 다음 핀으로 고정한다.

7 사진처럼 'X'자 모양이 되도록 리본을 엇갈려 2번 접는다.

8 7의 리본 가운데를 홈질한 채로 당겨 보우를 만든다. 같은 방법으로 1개를 더 만든다.

9 8에 큐빅을 3개 정도 붙여 곰돌이 머리에 고정하고, 나머지 리본은 레이스모티브에 올려 장식을 만든 뒤 곰돌이에 붙인다.

10 5의 망사리본장식에 9의 곰돌이를 올리고 글루로 고정한다.

11 공단리본으로 감싼 똑딱이핀에 10의 장식을 붙인다.

12 핀을 뒤집어서 핀대에 나머지 펠트를 올려 고정하면 더 튼튼하게 완성된다.

style02 소녀를 위한 로맨틱 악세사리 발레리나스타일

개나리요정핀
& 발레리나헤어밴드

봄소식을 들려주는 개나리요정핀

재료

- 노란색 망사원단 (가로 8*세로 6cm) 22장
- 노란색 무광 공단마무리리본 ½마
- 진주구슬(지름 1.5cm) 6개
- 자동핀(길이 5cm) 2개
- 펠트 약간

tip 핀대에 펠트를 붙이고 장식을 고정하면 더 튼튼하게 만들 수 있다.

1
가로8*세로6cm로 재단한 망사원단 20장을 세로보다 가로가 긴 마름모꼴로 자른다.

2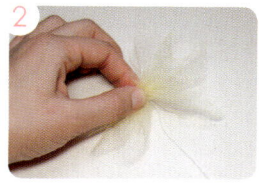
1의 원단을 세로로 홈질해 5장씩 엮는다.

3
리본을 한 손에 쥐고 매듭을 지어 꽃잎을 만든다.

4
같은 방법 꽃잎을 하나 더 만든 뒤 2개의 꽃잎을 매듭진 부분에 글루를 발라 사진처럼 붙인다.

5
원단을 펴서 활짝 핀 꽃잎을 만든다. 같은 방법으로 1개 더 만든다.

6
남은 망사원단 2장으로 진주구슬을 감싼 뒤 실을 이용해 매듭짓는다.

7
6의 진주장식을 5의 꽃잎 위에 올린 뒤 고정한다.

8
공단마무리리본으로 만든 나비보우를 7의 장식에 붙인다.

9
자동핀에 펠트를 붙인 뒤 그 위에 8의 꽃장식을 올리면 완성.

때론 우아하게, 때론 사랑스럽게 발레리나 헤어밴드

재료
- 살구핑크색 망사원단 (가로 20*세로 12cm) 1장
- 연분홍색 망사원단 (가로 20* 세로 12cm) 2장
- 살구핑크색 공단리본 (폭 1.5cm) 1½마
- 큐빅 티아라 고리장식 1개
- 헤어밴드(폭 1.5cm) 1개
- 자투리 망사원단 약간

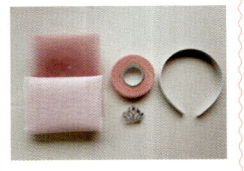

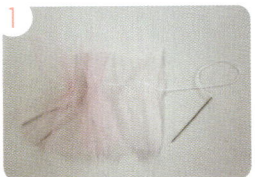

1. 살구핑크색 망사원단을 가로 방향의 한가운데를 홈질하며 실을 잡아당긴 뒤 묶는다.

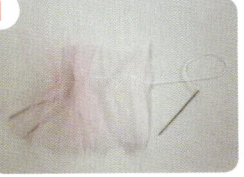

2. 나머지 원단도 같은 방법으로 홈질한다.

3. 살구핑크색, 연분홍색, 살구핑크색 순으로 원단을 겹쳐 놓고 세 장의 원단을 자투리 망사원단으로 가운데를 묶는다.

4. 한 손으로 살구핑크색, 연분홍색 원단을 한꺼번에 잡고 다른 손으로 남은 1장을 잡아 그대로 벌린다.

5. 티아라 고리에 자투리 망사원단을 끼워서 벌어진 원단 위에 사진처럼 티아라를 올린다.

6. 매듭지어 티아라를 단단히 고정한다.

7. 매듭진 부분이 풀리지 않게 펠트를 잘라서 글루로 붙인다.

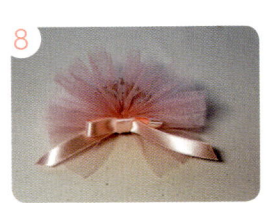

8. 공단리본으로 기본 리본을 만들어서 펠트를 가려 마무리한다.

9. 공단리본으로 감싼 헤어밴드에 8의 장식을 붙여 완성한다.

tip 빳빳한 망사원단을 사용해 만들어야 한다.

style02 **소녀를 위한 로맨틱 악세사리 발레리나스타일**

시골아가씨 지젤의 모자핀

 재료

- 장식용 모자(대) 1개
- 진주장식 장미리본
  (폭 2cm) 30cm 1줄
- 연분홍색 망사리본
  (가로 10*세로 10cm) 2줄
- 반짝이 망사리본
  (가로 10*세로 10cm) 1줄
- 살구색 공단리본
  (폭 1cm) ½마
- 하트 진주
  (지름 1.2cm) 10개 정도
- 집게핀(길이 8cm) 1개
- 펠트(지름 10cm) 1장

1 장식용 모자에 장미리본을 두른 뒤 붙인다.

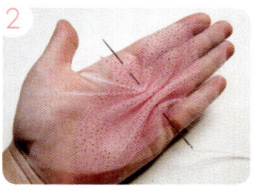

2 모든 망사리본은 마름모꼴로 자른다. 반짝이 망사리본을 맨 위로 올리고 가운데를 홈질해 실을 당겨 묶는다.

3 모자 뒷부분에 2의 망사리본을 붙인다.

4 살구색 공단리본으로 만든 더블 나비보우를 망사리본 위에 붙이고 가운데 진주로 장식한다.

5 남은 진주로 모자 테두리 볼록한 부분에 붙여 장식한다.

6 장식용 모자 밑부분에 준비한 펠트를 붙인 뒤 집게핀에 달아 핀을 완성한다.

style02 **소녀를 위한 로맨틱 악세사리 발레리나스타일**

파도소리 헤어밴드

제주도의 바닷빛을 닮은

재료

- 펠트 (가로 9*세로 13cm) 2장
- 체크무늬 원단 (가로 9*세로 13cm) 1장
- 민트색 반짝이 반투명리본 (폭 7cm) 1마
- 민트색 공단리본 (폭 1.5cmm) 1½마
- 꽃모양 자수모티브 1장
- 하얀색 진주(대) 1개
- 하얀색 진주(중) 4~5개
- 하얀색, 하늘색 진주(소) 7~10개
- 감는 헤어밴드 (폭 2.5cm) 1개

tip 공단리본을 이용해 헤어밴드를 미리 감아 놓는다. (15p 참고)

1 꽃모양 자수모티브 위에 진주를 원하는 위치에 배열하고 바늘질로 고정한다.

2 펠트 2장을 가로 6cm, 세로 9cm 의 타원형으로 자르고, 1장을 양면 테이프나 섬유전용 본드로 원단에 붙인다.

3 시접을 남기고 펠트 모양을 따라 원단의 여분을 자른다. 양면테이프를 사진처럼 시접에 붙이고 가위집을 낸 뒤 접어서 붙인다.

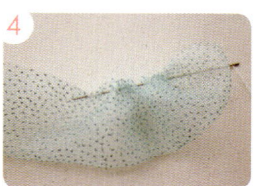

4 반짝이 리본을 반으로 접어 벌어지지 않게 끝까지 홈질하고 매듭은 짓지 않는다.

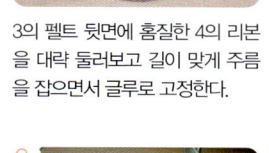

5 3의 펠트 뒷면에 홈질한 4의 리본을 대략 둘러보고 길이 맞게 주름을 잡으면서 글루로 고정한다.

6 전체적으로 균일하게 주름을 잡은 뒤 매듭을 짓는다.

7 펠트장식 앞면에 1의 꽃모양 자수모티브를 고정하고 밴드를 감고 남은 리본으로 나비보우를 만들어 붙인다.

8 밴드에 7의 장식을 붙인다. 남은 펠트 중심에 글루를 발라 밴드 뒷부분에 고정한 뒤 테두리를 따라 글루를 조금씩 발라 단단하게 붙여 완성한다.

style02 **소녀를 위한 로맨틱 악세사리 발레리나스타일**

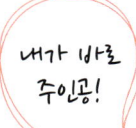

카르멘의 핀

재료

- 염색된 깃털(약 10~15개 정도) 1줄
- 빨간색 공단리본(폭 4cm) 1½마
- 검은색 공단마무리리본(폭 5cm) 1마
- 펠트(지름 3cm, 지름 6cm) 각각 1장
- 똑딱이핀(길이 10cm) 1개

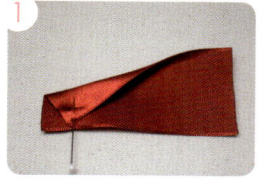

1 빨간색 공단리본을 8cm로 8장, 10cm로 5장을 자른다. 8cm로 자른 리본을 사진처럼 사선으로 접어 고정한다.

2 한 번 더 사선으로 말아서 핀으로 고정한다.

3 리본을 접은 부분부터 깔때기를 만들 듯이 사선으로 만다.

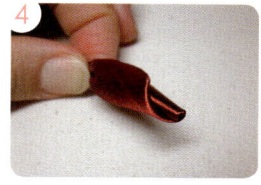

4 긴 모서리 쪽을 손으로 풀리지 않게 모아 실로 꽁꽁 매듭을 지어 꽃심을 만든다.

5 8cm 공단리본 양 모서리를 말아 한 쪽이 좁은 사다리꼴로 만든다. 이때 글루를 바르면서 말아 고정한다.

6 5의 리본을 뒤집어서 넓은 쪽을 홈질해 약 1.5cm 길이로 만든다. 같은 방법으로 3장을 만든다.

7 3장의 꽃잎을 4의 꽃심에 자연스럽게 두르도록 한 장씩 겹쳐 연결한다.

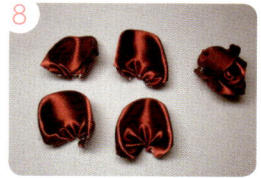

8 8cm 공단리본 4장도 같은 방법으로 잎을 만든다. 홈질한 부분이 약 2cm가 되도록 한다.

9 4장의 꽃잎도 자연스럽게 한 장씩 겹치도록 연결한다.

10 10cm로 자른 공단리본 5장을 준비하고 사진처럼 양 모서리를 아주 조금만 말아 고정한다.

11 5장의 리본을 뒤집어서 긴 모서리 쪽이 약 2.7cm가 되도록 홈질한다.

12 8의 장미에 5장의 꽃잎을 한 장씩 겹치도록 연결한다.

13 깃털 중심에 살짝 가위집을 내 지름 6cm 펠트에 자연스럽게 놓고 12의 장미를 올려 고정한다.

14 13의 장식을 리본으로 감아놓은 핀에 고정한다.

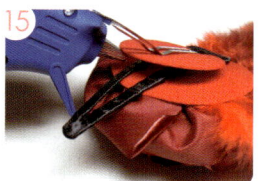

15 똑딱이핀을 벌리고 지름 3cm 펠트 ½ 정도 글루를 발라 핀 사이에 밀어 넣고 남은 부분을 글루로 붙인다.

16 글루가 완전히 굳을 때까지 손으로 살짝 누르고, 굳으면 똑딱이핀을 채워 완성한다.

style02 **소녀를 위한 로맨틱 악세사리 발레리나 스타일**

어깨에 살짝 내려앉은 꽃송이 함박꽃 어깨장식

재료

- 연분홍색 망사리본 (폭 2.5cm) 1마
- 다홍색 망사리본 (폭 2.5cm) 1마
- 카키색, 갈색 스웨이드리본 (폭 2cm) 80cm 각각 1장씩
- 금색 펄 망사원단 (가로 20*세로 30cm) 1장
- 원형 브로치 (지름 2.5cm) 2개
- 진주구슬 (지름 1.5cm) 7~8개
- 진주체인 (지름 0.5cm) 약 20cm
- 펠트(지름 8cm) 3장
- 갈색, 흰색, 분홍색 마무리 리본 각각 20cm

1

우선 모든 망사리본은 한 쪽만 홈질해 주름을 잡는다. 연분홍색 리본에 조금씩 글루를 바르면서 펠트 가운데부터 고정시킨다.

2

꽃의 크기가 지름 10cm 정도 되면 리본을 자르고 꽃을 마무리 한다.

3

다홍색 리본도 같은 방법으로 펠트에 고정해 꽃을 만들고, 남은 펠트에는 2개의 자투리 원단을 믹스해 풍성하게 꽃을 완성한다.

4

망사원단으로 진주구슬을 감싼 뒤 실로 매듭을 짓고, 몇 개는 꽃 가운데 올려 장식한다.

5

스웨이드리본은 펼쳐서 카키색은 10cm, 갈색은 14cm만 겹치게 접어서 고정한다.

6
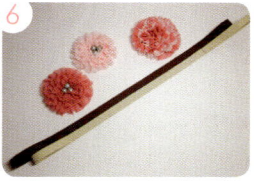

반대쪽 끝은 카키색은 14cm, 갈색은 10cm가 되도록 접어서 고정한 뒤 꽃장식을 놓을 곳을 정한다.

7

길이 약 10cm가량의 진주체인에 망사원단으로 감싼 진주를 걸고, 이음매에 마무리리본으로 만든 나비보우로 장식한다.

8

길이 약 7cm가량의 진주체인에 7과 같은 방법으로 장식을 만들고, 연분홍색 꽃에 걸어서 연결한다.

9

진주체인을 연결한 부분에 흰색 마무리리본으로 만든 나비보우로 만들어서 장식한다.

10

꽃 3개를 놓을 위치에 글루를 발라서 차례대로 고정시킨다.

11

꽃을 붙인 뒷면에 브로치를 달아서 어깨장식을 마무리한다.

tip 아이들 무지 티셔츠나 민소매 티셔츠에 활용하면 좋은 액세서리다.

style03 어디에도 잘 어울리는 내추럴스타일

엄마와 딸이 함께 하는 커플리본핀

재료

- 린넨레이스
  (폭 6cm) 10cm 2장
- 연분홍색 골지리본
  (폭 1cm) ½마
- 나무단추
  (지름 1.5cm) 2개

아이용
- 꽃무늬 하늘색 린넨원단
  리본(폭 4cm) 20cm 1줄
- 꽃무늬 하늘색 린넨원단
  리본(폭 4cm) 23cm 1줄
- 집게핀(길이 5cm) 1개

엄마용
- 꽃무늬 분홍색 린넨원단
  리본(폭 4cm) 23cm 1줄
- 꽃무늬 분홍색 린넨원단
  리본(폭 4cm) 26cm 1줄
- 집게핀(길이 6cm) 1개

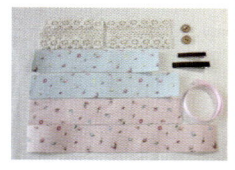

1

원단리본의 양끝이 0.5cm가량 겹쳐지게 모아 접은 뒤 사진처럼 정확히 바늘이 4번 들어가도록 땀을 뜨고, 실을 당겨 매듭짓는다.

2

같은 색 리본끼리 겹쳐 장식을 만든다.

3

린넨레이스로 자연스럽게 보우를 감싼다.

4

골지리본으로 보우의 허리를 강하게 감싸서 마무리하고 나무단추로 장식한다.

5

골지리본으로 감은 집게핀에 4의 리본을 붙인다. 엄마용도 같은 방법으로 만들어 커플핀을 완성한다.

tip 두꺼운 면리본은 대바늘을 이용해 홈질한다.

style03 **어디에도 잘 어울리는 내추럴스타일**

눈꽃송이 목걸이

밋밋한 원피스에 포인트!

재료
- 가죽목걸이 반제품 1개
- 스티치골지리본 (폭 1.5cm) 1마
- 꽃무늬 린넨레이스 (폭 1.5cm) 20cm 1줄
- 펠트(지름 5cm) 1장
- 펠트(가로 1*세로 2cm) 1장
- 색색의 나무구슬장식 반제품 7개

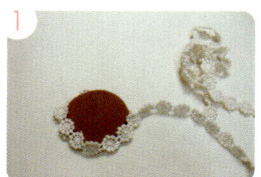

1. 펠트의 둘레를 린넨레이스로 빙 둘러 붙인다.

2. 1의 펠트 위에 나무구슬 반제품을 원하는 위치에 붙인다.

3. 골지리본으로 나비보우를 사이즈를 다르게 2개를 만든다.

4. 3의 나비보우 2개를 2의 펠트 위에 겹쳐서 붙이고, 꽃무늬 레이스로 마무리한다.

5. 4의 뒷면에 펠트를 이용해서 줄을 끼울 모양을 만든 뒤 가죽목걸이에 연결해 완성한다.

style03 어디에도 잘 어울리는 내추럴스타일

구름빵헤어밴드 & 마시멜로슈슈

구름빵 헤어밴드

언제나 나를 보며 방긋!

재료

- 순면원단
  (가로 12*세로 10cm) 2장
- 도트무늬 접착 원단리본
  (폭 1cm) ½마
- 갈색 골지마무리리본
  15cm 1줄
- 타원형 펠트
  (가로 5*세로 3cm) 1장
- 니켈 헤어밴드
  (폭 0.5cm) 1개
- 솜 약간
- 구름모양 패턴

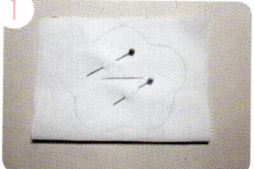

1 2장 순면원단을 겹친 뒤 패턴을 놓고 따라 그린다. 패턴 중심에 3cm 길이의 창구멍을 그리고 핀을 고정한다.

2 구름모양을 따라 박음질한다.

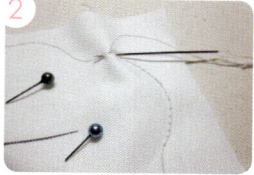

3 쪽가위를 이용해 원단 1장에만 창구멍을 낸다.

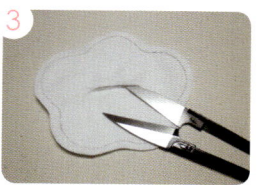

4 구름모양을 따라 시접부분에 0.5cm 간격으로 살짝 가위집을 낸다.

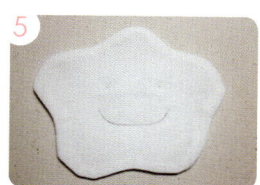

5 창구멍으로 원단을 뒤집고 눈과 입을 표시한다.

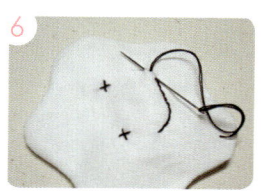

6 창구멍을 이용해 원단 한쪽에만 눈은 '+'자 모양으로, 입은 선을 따라 갈색 실로 박음질한다.

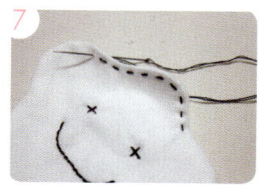

7 매듭이 보이지 않게 창구멍으로 실을 넣어 구름의 테두리를 따라 홈질한다.

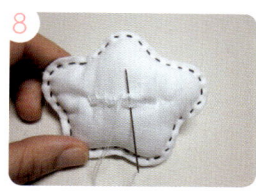

8 솜을 넣어 빵빵하게 모양을 잡고 감침질로 창구멍을 막는다.

9 입술라인 끝부분에 볼터치한다.

tip 볼터치는 화장품 섀도우를 이용하면 간단하다.

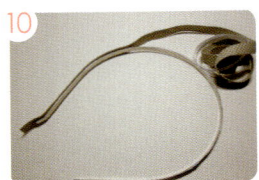

접착 원단리본으로 끝부분 1.5cm 가량 남긴 채 헤어밴드 중심에 정확히 붙인다.

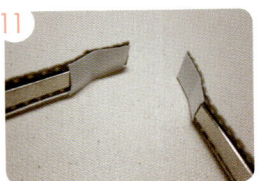

리본 끝부분에는 다시 양면테이프를 붙여 안으로 접고, 양옆의 남은 리본도 깔끔하게 접어 밴드를 감싼다.

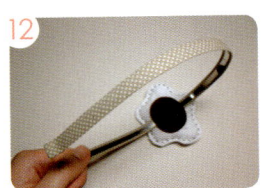

헤어밴드 1/3부분에 구름빵장식을 놓고 펠트로 고정시킨다.

갈색 골지마무리리본으로 작게 나비보우를 만들어 구름빵장식에 붙여 완성한다.

마시멜로 슈슈

재료

- 베이지색 광목원단 (가로 23*세로 13cm) 2장
- 갈색 스티치골지리본 (폭 1.5cm) 12cm 2줄
- 갈색 꽃캡 고무줄 2개
- 갈색 펠트실, 구름솜 약간
- 링 패턴

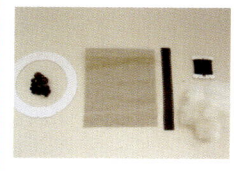

1. 원단을 반으로 접어서 패턴을 올리고 링 모양대로 그린다.

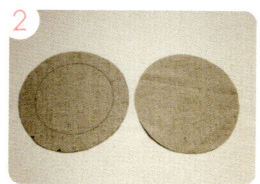

2. 핀으로 원단 2장을 한꺼번에 고정한 다음 바깥의 원을 따라 자른다.

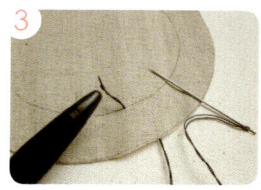

3. 핀을 빼고 동그라미가 그려진 원단의 그림을 따라 홈질한다. 반드시 그림이 그려진 방향으로 매듭이 나오도록 한다.

4. 일정한 간격으로 바느질한 원단과 바느질을 하지 않은 원단.

5. 4의 원단을 겹치고 창구멍을 남기고 0.5cm 안쪽으로 박음질한다.

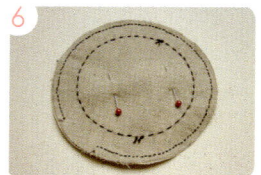

6. 박음질을 다한 원단은 창구멍을 통해 뒤집는다.

7. 원단이 빵빵해지도록 솜을 넣고 안뜨기로 창구멍을 막는다.

8. 손가락으로 솜을 정확히 반으로 나눈 뒤 대바늘을 이용해 홈질한 뒤 실을 당겨 허리를 묶는다.

9. 골지리본으로 만든 삼각대에 작게 뭉친 솜을 넣어 통통하게 모양을 잡는다.

10. 9의 삼각대로 8의 허리를 깔끔하게 감싼다.

11. 10의 장식을 꽃캡에 붙여 고무줄을 완성한다.

style03 어디에도 잘 어울리는 내추럴스타일

바니걸 슈슈

새 머리끈을 하고 뛰어보자!

재료

장식
- 토끼귀 패턴
- 빨간색 도트무늬 아사원단 (가로 40*세로 20cm) 1장
- 갈색 도트무늬 아사원단 (가로 40*세로 20cm) 1장

아이용 슈슈
- 고무줄 (폭 0.7cm) 20cm 1개
- 빨간색 도트무늬 아사원단 (가로 40*세로 8cm) 1장
- 빨간실 약간

엄마용 슈슈
- 고무줄 (폭 0.7cm) 25cm 1개
- 갈색 도트무늬 아사원단 (가로 50*세로 10cm) 1장
- 갈색실 약간

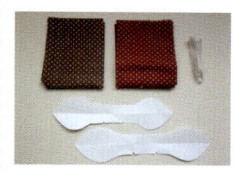

1 원단을 뒤집어 가로로 반을 접고 창구멍을 표시한 후 창구멍만 남기고 모두 박음질한다.

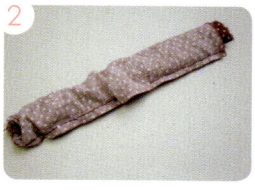

2 사진처럼 안쪽으로 원단을 반만 넣어 양 끝의 시접이 맞닿게 한다.

3 맞닿은 시접은 둥근 형태를 따라 그대로 박음질한다.

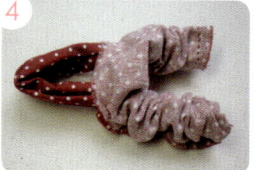

4 바늘땀이 벌어지지 않게 창구멍으로 천천히 원단을 뺀다.

5 고무줄에 옷핀을 달아 고무줄 끝이 안으로 들어가지 않게 한손으로 잡고 창구멍에 고무줄을 끼워 넣는다.

6 고무줄이 다 끼워지면 양끝을 묶고 공그르기로 창구멍을 막는다.

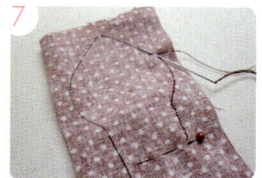

7 다른 원단 반을 접어 토끼귀 패턴을 대고 본뜬다. 창구멍을 빼고 재단을 하지 않은 상태해서 밑그림대로 박음질한다.

8 시접을 남기고 재단을 한 뒤 창구멍으로 원단을 뒤집고, 창구멍을 공그르기로 막는다.

9 8의 원단 가운데에 바늘을 넣어 그대로 6의 창구멍과 연결해 최대한 바느질 자국이 보이지 않게 두 원단을 잇는다.

10 토끼귀원단을 질끈 묶어 모양을 잡고, 고무줄원단과 맞닿은 부분이 흔들리지 않게 공그르기한다.

style03 어디에도 잘 어울리는 내추럴스타일

푸른 들을 신나게 달려보자 하이디 헤어밴드

재료
- 연갈색 골지리본 (폭 1.5cm) ½마
- 연갈색 면레이스 (폭 2cm) 1마
- 꽃무늬 면원단 (가로 25*세로 25cm) 1장
- 검은색 골지리본 (폭 2.5cm) 10cm 1줄
- 빗살 헤어밴드 (폭 1.5cm) 1개
- 펠트실 약간

1
빗살 헤어밴드에 양면테이프를 붙인 뒤 골지리본을 붙인다. 양끝은 검은색 골지리본으로 감싼다.

2
꽃무늬 원단을 대각선으로 접어 삼각형으로 자른 뒤 안쪽으로 0.5cm 시접을 접어서 다리미로 다린다.

3
꼭지부분에 레이스 1cm를 남기고 테두리를 두른 다음 사진처럼 핀으로 고정한다.

4
삼각형 밖으로 삐져나온 시접은 가위로 정리한다.

5
꼭지부분까지 레이스가 내려오면 자르지 말고 사진처럼 접어 올린다.

6
이어서 레이스가 삼각형 밑변에 오도록 안쪽으로 접는다. 이때 레이스가 겹치는 부분은 뾰족하게 접고 풀리지 않게 핀으로 고정한다.

7
꼭지점의 레이스는 깔끔하게 접어 정리하고 사진처럼 꽃무늬 원단 테두리에 레이스를 두른다.

8
원단을 뒤집어 공그르기로 레이스와 원단을 연결한다.

9
다시 뒤집은 다음 박음질로 튼튼하게 레이스와 원단을 연결한다.

10
원단을 뒤집었을 때 스티치 자국이 일정하게 나오면 바느질이 잘 된 것이다.

11
꽃무늬 원단과 헤어밴드에 중심을 표시하고, 중심을 맞춰 좌우로 차근차근 글루로 고정해 완성한다.

style03 **어디에도 잘 어울리는 내추럴스타일**

화려하진 않지만 수수해서 좋은 피크닉 헤어밴드

재료
- 카키색 꽃무늬 도트원단
  (가로 40*세로 12cm) 1장
- 린넨레이스
  (폭 1.5cm) 40cm 1줄
- 타원형 원목장식
  (가로 3*세로 4cm) 1개
- 펠트(지름 5cm) 1장
- 감는 헤어밴드
  (폭 1.5cm) 1개

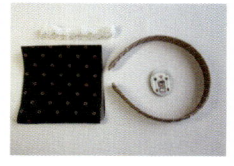

1
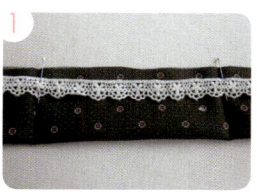
원단을 가로로 길게 반을 접고, 시접 1cm가량 남긴 뒤 사진처럼 린넨레이스를 핀으로 고정한다.

2

레이스와 원단을 함께 홈질한 다음 우드장식의 크기에 맞춰 실을 당겨 도넛모양으로 만든다.

3

원단의 끝부분은 글루로 마무리하고 중앙에 우드장식을 붙인다.

4

리본으로 감싼 헤어밴드 1/3지점에 3의 장식을 놓고 글루로 고정한다.

5

장식이 떨어지지 않게 펠트를 붙여 완성한다.

tip 헤어밴드는 원하는 리본으로 감아도 좋다. 이 책에서는 베이지색 스티치리본으로 헤어밴드를 감았다.

style03 **어디에도 잘 어울리는 내추럴스타일**

알록달록 상큼하게~ 애플핀

재료
- 황토색 천연염색원단 (가로 13*세로 5cm) 1장
- 연두색 천연염색원단 (가로 13*세로 5cm) 1장
- 갈색 스웨이드 마무리 리본 1마
- 사과모양 우드장식 2개
- 자동핀(길이 8cm) 2개
- 플라스틱 판넬 (길이 10cm) 2개

1
판넬에 양면테이프를 붙이고 준비한 원단 중앙에 붙인다.

2
사진처럼 'ㄴ'자 모양으로 모서리를 자르고 양면테이프를 붙여 순서대로 깔끔하게 판넬을 감싼다.

3
원단으로 판넬을 감싼 모양.

4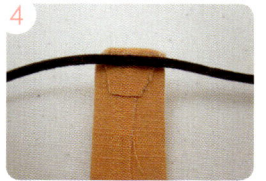
스웨이드 리본을 반으로 자른 뒤 반으로 접는다. 판넬 뒷면과 리본의 중심을 맞춰 글루로 고정한다.

5
뒤집어서 앞면이 나오면 양쪽 스웨이드 리본을 'X'자로 꼰다.

6
같은 간격으로 'X'자가 4번 나오게 한 다음 글루를 이용해 리본을 판넬 뒷면에 고정한다.

7
사과모양 우드장식을 붙인다.

8
장식이 더 단단하게 고정되도록 자동핀에 펠트를 붙인다.

9
핀대에 8의 판넬을 붙일 때 공간이 생기니 손으로 꾹 눌러 글루가 완전히 마르면 손을 떼 완성한다.

style03 **어디에도 잘 어울리는 내추럴스타일**

기분 좋아지는 빛깔 봄봄 헤어밴드

재료
- 연두색 천연염색원단 (가로 38 * 세로 14cm) 1장
- 갈색 골지리본 (폭 1.5cm) 1½마
- 갈색 골지리본 (폭 2.5cm) 6.5cm 2줄
- 도트무늬 원단리본 (폭 1cm) 1개
- 'O'자 고리 (폭 0.5cm) 1개
- 스푼, 포크모양 금속장식 1개
- 감는 헤어밴드 (폭 2.5cm) 1개

tip 헤어밴드는 골지리본(폭 1.5cm)으로 미리 감아서 준비한다.

1. 원단은 가로로 반을 접어 중심을 파악하고 위아래 양면테이프를 붙인다.

2. 안전테이프를 제거하고 중심을 기준으로 위아래를 맞닿게 접는다.

3. 사진처럼 양쪽이 맞닿도록 접은 뒤 홈질해 고정한다.

4. 헤어밴드 끝부터 반대쪽까지 글루를 이용해 3의 원단을 붙인다.

5. 골지리본(폭 2.5cm) 가운데에 밴드 끝을 놓고 고정한 다음 양쪽을 접어서 깔끔하게 붙인다.

6. 도트무늬 원단리본으로 나비보우를 만들고, 대바늘을 이용해 구멍을 뚫는다.

7. 구멍에 'O'자 고리를 넣은 뒤 금속 장식을 연결해 장식을 완성한다.

8. 헤어밴드의 원하는 위치에 7의 장식을 붙여서 마무리한다.

style03 **어디에도 잘 어울리는 내추럴스타일**

풍성해서 더욱 멋스러운 꽃잎가득 코르사주

재료
- 짙은 베이지색 광목원단 (가로 90*세로 7cm) 1장
- 금사 펄 망사원단 (가로 70*세로 6cm) 1장
- 집게 겸용 원형브로치 (지름 5cm) 1개
- 펠트(지름 6cm) 1장

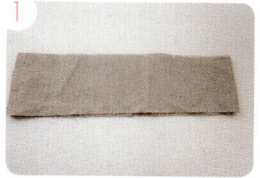

1. 준비한 광목원단을 3등분해 접고 3등분 된 곳을 원단 한쪽 끝부터 A, B, C로 표시한다.

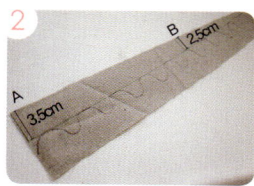

2. A 3.5cm, B 2.5cm, C 1cm 안으로 표시하고 사선으로 잇는다. 선을 기준으로 물결모양으로 밑그림을 그린다.

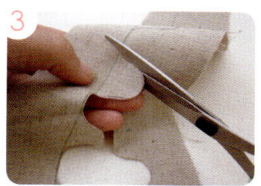

3. 밑그림이 보이지 않게 살짝 안쪽에서 가위로 자른다.

4. 폭이 좁은 끝을 사진처럼 살짝 만 채로 홈질한다.

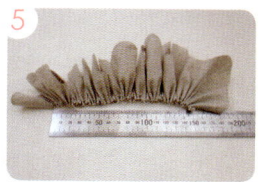

5. 4의 원단의 길이가 15cm가 되도록 주름을 조절한다.

6. 망사원단은 총 길이가 5cm가 되도록 계속 반을 접으로 접은 뒤 윗부분을 둥글게 자른다.

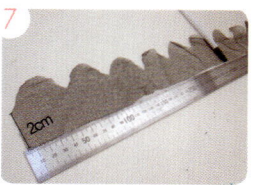

7. 6의 망사원단을 펼친 뒤 폭 높이의 2cm 지점에서 30cm 지점까지 사선으로 자른다.

8. 7의 망사원단을 홈질해 13cm로 길이를 맞춘다.

9. 광목원단 말린 부분 옆부터 망사원단을 겹쳐 글루로 고정한 뒤 돌돌 말아 모양을 잡는다.

10. 삐져나온 원단이 있으면 옆의 원단과 대칭을 맞춰 잘라 정리한다.

11. 10의 꽃잎을 펠트에 붙인 뒤 브로치에 올려 완성한다.

tip 완성 후 광목 꽃잎을 손으로 비벼 올이 풀리도록 만들면 더욱 빈티지한 느낌이 살아난다.

style03 **어디에도 잘 어울리는 내추럴스타일**

프로방스 헤어밴드

소녀의 로망이 담긴

재료
- 프로방스 원단리본 (폭 4cm) 19cm 1줄
- 프로방스 원단리본 (폭 4cm) 23cm 1줄
- 프로방스 원단리본 (폭 4cm) 5cm 1줄
- 남색 골지리본 (폭 1cm) 2마
- 감는 헤어밴드 (폭 1.5cm) 1개
- 원형 레이스모티브 1개

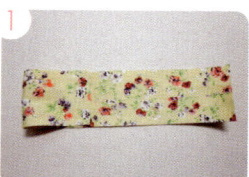

1 원단리본 중심을 표시하고 양끝이 겹치지 않고 맞닿게 접어 글루로 고정한다.

2 같은 방법으로 2개의 리본을 만들어 포갠 뒤 글루로 고정한다.

3 남색 골지리본으로 나비보우를 만들고, 5cm의 원단리본을 양끝이 맞닿게 포갠 뒤 풀리지 않게 사진처럼 홈질한다.

4 나비보우에 모양을 잡은 리본을 올려서 글루로 고정하고 삼각대를 만들어 붙인다.

5 2의 리본 위에 레이스모티브, 4의 장식을 차례대로 올려 장식을 완성한다.

6 남색 골지리본으로 감싼 헤어밴드 위에 5의 장식을 고정해 헤어밴드를 마무리한다.

style04 **하이틴 영화의 주인공처럼! 프레피스타일**

스트라이프핀

여름에 잘 어울려요~

재료
- 스트라이프 양면골지리본 (폭 2.5cm) 30cm 4줄
- 파란색 골지리본 (폭 2.5cm) 35cm 4줄
- 파란색 골지리본 (폭 2.5cm) 15cm 2줄
- 하늘색 골지리본 (폭 1cm) 10cm 2줄
- 사각 집게핀 (길이 6cm) 2개

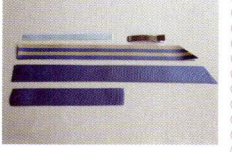

1

사진처럼 스트라이프 리본의 한쪽 끝을 꼰다.

2

중심을 맞춰 반대편을 꼬아 '∞'자 모양으로 접고 꼬리를 남긴다.

3

중심을 홈질한 다음 실을 당겨 허리를 잡는다.

4

같은 방법으로 4장의 나비보우를 준비한다.

5

사진처럼 파란색 보우 위에 스트라이프 보우를 올리고 삼각대로 깔끔하게 마무리한다.

6

하늘색 골지리본으로 집개핀을 감싸고 그 위에 5의 장식을 붙인다.

tip
과정 2에서 리본을 재단해 중심을 맞춰 꼬리를 남기기가 어렵다면, 재단하지 않고 '∞'자 모양으로 접고 원하는 만큼 꼬리를 남기고 자른다. 이때 리본의 양은 넉넉하게 준비한다.

style04 하이틴 영화의 주인공처럼! 프레피스타일

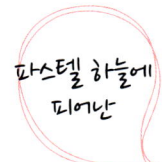
파스텔 하늘에 피어난 구름가득 헤어밴드

재료
- 하늘색 벨벳리본A
  (폭 4cm) 37.5cm 1줄
- 하늘색 벨벳리본B
  (폭 4cm) 20.5cm 1줄
- 하늘색 벨벳리본C
  (폭 4cm) 17.5cm 1줄
- 남색 골지리본
  (폭 2.5cm) 6cm 2줄
- 버클(폭 2cm) 1개
- 빗살 헤어밴드
  (폭 1.5cm) 1개

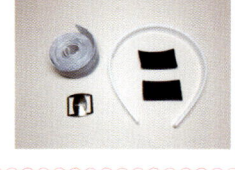

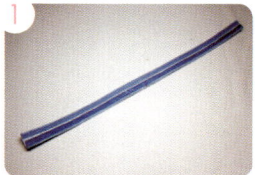

1. 하늘색 벨벳리본A 양쪽에 양면테이프를 붙인 뒤 안쪽으로 모아 접는다.

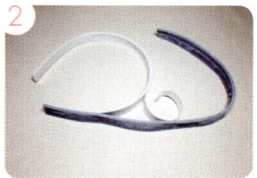

2. 1의 리본을 양면테이프를 이용해 헤어밴드에 붙인다.

3. 남색 골지리본에 글루를 발라서 헤어밴드의 끝을 감싼다.

4. 벨벳리본C 중심에 버클을 끼운다.

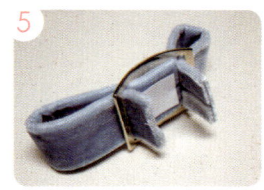

5. 양끝의 리본을 사진처럼 접은 뒤 뒷면에 양면테이프를 붙이고 양끝을 고정한다.

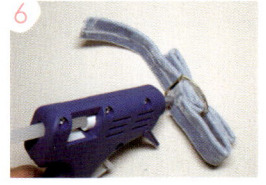

6. 벨벳리본B를 다시 버클에 끼워 중심을 맞추고, 양끝을 사진처럼 접은 뒤 글루로 붙인다.

tip 초보자는 벨벳처럼 두꺼운 원단으로 리본의 형태를 잡기가 어려우니 양면테이프를 이용해 형태를 유지하면서 제작하는 것이 좋다.

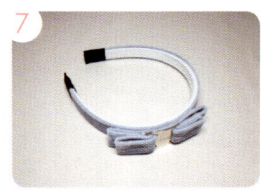

7. 6의 리본장식을 헤어밴드 1/3지점에 고정시켜 완성한다.

style04 **하이틴 영화의 주인공처럼! 프레피스타일**

학교 가는 길이 즐거워지는 앨리스 헤어밴드

재료
- 갈색 무광 공단리본 (폭 4cm) 1마
- 하얀색 골지리본 (폭 4cm) 1마
- 체크무늬 원단리본 (폭 1cm) 1마
- 갈색 마무리리본 ½마
- 니켈 헤어밴드 1개
- 펠트 약간

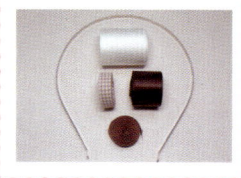

1

갈색 공단리본을 1cm 간격으로 사진처럼 주름을 잡으며 핀으로 고정한다.

2

5번 주름을 잡은 뒤 1cm 정도 간격을 두고 반대방향으로 마주보게 5번 주름을 잡아 고정한다.

3

2의 리본을 바닥에 펼친 뒤 남은 리본을 자르고, 리본의 가운데를 표시한다.

4
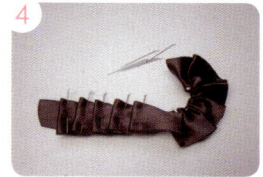
가운데 부분만 남기고 주름이 펴지지 않을 정도로 한쪽씩 실을 당기면서 홈질해 매듭짓는다.

5

홈질이 끝나면 볼펜으로 가리키는 가운데 부분을 제외하고 양쪽은 주름진 형태가 된다.

6

하얀색 골지리본은 5의 리본 2배의 길이로 자른다. 5의 리본을 골지리본 중심에 맞춰 글루로 고정한다.

7

사진처럼 골지리본의 양끝이 중심에서 살짝 포개지게 접은 뒤 주름리본과 홈질해 허리를 잡는다.

8

남은 골지리본은 주름리본보다 조금 더 길게 자르고, 리본보우 2개를 만든다.

9

사진처럼 골지리본으로 만든 리본보우 2개와 주름리본장식 1개를 준비한다.

10

보우 2개를 위아래 나란히 놓고, 그 위에 주름리본장식을 올린다. 마무리리본으로 더블나비보우를 만들어 얹고 원단리본으로 허리를 감는다.

11
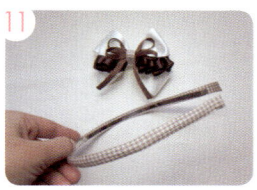
헤어밴드 끝부터 원단리본을 전체적으로 감싸 글루로 붙인다.

12
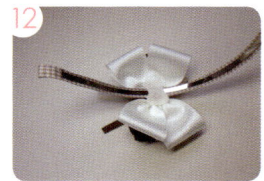
10의 장식을 헤어밴드의 1/3지점에 고정시키고 펠트를 잘라 견고하게 한 번 더 고정해 완성한다.

style04 하이틴 영화의 주인공처럼! 프레피스타일

수줍은 고백처럼 로맨틱 핀

재료
- 베이지색 망사리본 (폭 2cm) 3마
- 양면 무광 공단마무리리본 (폭 5cm) 10cm 1줄
- 펠트(지름 5cm) 1장
- 빼빼로핀(길이 8cm) 1개

tip 반드시 매우 얇고 부드러운 망사 리본을 사용해야 한다.

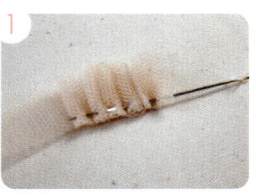

1 망사리본을 반으로 접어서 일정 간격을 유지하며 주름을 잡으면서 홈질한다.

2 망사리본 전체를 균일하게 주름 잡는다.

3 망사리본 한쪽을 동그랗게 말아 꽃심을 만들고 펠트 중심에 글루를 발라 고정한다.

4 꽃심 둘레를 따라 글루를 조금씩 바르면서 동글게 말아 붙인다.

5 빼빼로핀은 마무리리본으로 감싸 준비한다.

6 원하는 위치에 장식을 붙인다. 이때 핀이 열리는 곳은 피해 붙이는 것이 좋다.

style04 **하이틴 영화의 주인공처럼! 프레피스타일**

꼬마 신사의 화려한 외출 체크 보우타이

재료
- 체크무늬 원단리본 (폭 4cm) 1마
- 도트무늬 원단리본 (폭 1cm) 45cm 1줄
- 버클 1세트

tip 보타이는 아이 목둘레 +10~12cm로 재단해 만든다.

1

체크무늬 원단리본을 22cm, 20cm, 3cm로 자른 뒤 22cm 원단리본의 끝을 삼각형으로 접는다.

2

삼각형이 위로 오도록 사진처럼 접고 홈질해 허리를 잡는다.

3

20cm 리본도 리본보우로 만든 뒤 2의 리본이 위로 오도록 포개 붙인다.

4
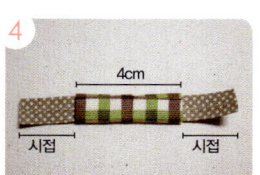
원단리본을 사진처럼 시접을 남기고 도트무늬 원단리본을 감싸 글루로 붙인다.

5

사진처럼 도트무늬 원단리본에 3의 리본장식을 올린다.

6

이어서 1/3지점에 리본장식을 위치시키고 4의 리본으로 허리를 조여 고정한다.

7

버클의 후크부분을 짧은 쪽에 끼우고 리본을 접어서 글루로 마감한다.

8

조절버클을 먼저 끼우고 후크고리를 끼운다.

9
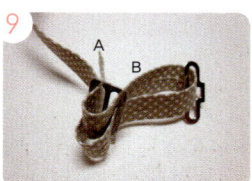
조절버클을 끼운 쪽의 리본 끝이 안쪽으로 오도록 한다.

10

버클을 통과해 빼낸 A와 B를 붙이고 깔끔하게 마무리한다.

style04 하이틴 영화의 주인공처럼! 프레피스타일

하트핀 & 마린슈슈

엄마의 마음을 담은 하트핀

재료
- 하트 판넬 2개
- 분홍색 원단, 체크무늬 원단 (사방 7cm) 각 1장
- 분홍색 공단마무리리본 15cm 1줄
- 'O'자 고리 1개
- 금색 리본장식 1개
- 자동핀(폭 6cm) 1개
- 펠트(사방 7cm) 2장

1
하트 판넬과 원단의 중심을 맞춰 올리고 양면테이프로 고정한 뒤 시접 부분에 가위집을 낸다.

2
가위집을 낸 부분을 잡아당겨 접어서 깔끔하게 판넬을 감싼다.

3
펠트를 판넬에 맞춰 하트모양으로 자르고 뒷면에 붙인다.

4
원단으로 감싼 2개의 하트를 원하는 느낌으로 붙여 장식을 만든다.

5
마무리리본으로 나비보우를 만들고 'O'자 고리를 이용해 금속장식을 연결한다.

6
핀대에 4의 하트장식을 붙이고, 그 위에 5의 장식을 붙여 핀을 완성한다.

해변으로 가요~ 마린슈슈

재료
- 싸개단추A(지름 2cm) 2개
- 싸개단추B(지름 2.5cm) 2개
- 체크무늬 원단(사방 4cm) 2장
- 스트라이프 엥카무늬 원단 (가로 10*세로 8cm) 1장
- 인견사고무줄 16cm 4줄

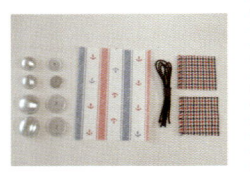

1 싸개단추A의 볼록하게 나온 부분에 본드를 바르고 원단을 그 위에 올린다.

2 원단은 단추A를 충분히 감쌀 만큼만 남기고 동그랗게 자른다.

3 단추A 안쪽에 본드를 바른 뒤 안쪽으로 조금씩 원단을 밀어 넣어서 고정한다.

4 같은 방법으로 엥카무늬 원단으로 싸개단추B도 감싼다.

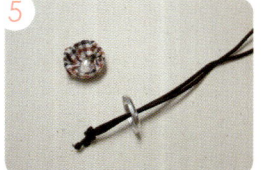

5 단추뚜껑 구멍에 고무줄 2줄을 넣은 뒤 빠지지 않게 매듭짓는다.

6 단추뚜껑이 빠지지 않도록 단추 안쪽에 본드를 바르고 뚜껑을 꼭 닫는다.

7 맞은편도 같은 방법으로 단추를 고무줄로 이어 슈슈를 완성한다.

tip 과정 4에서 무늬가 있는 원단은 반드시 무늬를 원하는 위치에 맞추고 시접을 남긴 뒤 자른다.

style04 **하이틴 영화의 주인공처럼! 프레피스타일**

보송보송 귀마개

겨울에 외출할 때 잊지 마세요~

재료

- 털 원단
  (가로 46*세로 12cm) 1장
- 스트라이프 원단A
  (가로 70*세로 4.5cm) 2장
- 스트라이프 원단B
  (가로 20*세로 7cm) 2장
- 감는 헤어밴드
  (폭 1.5cm) 1개
- 새장 자수패턴 2개
- 토끼귀 패턴 1개
- 귀마개용 판넬 1쌍
- 구름솜 두 주먹 정도

1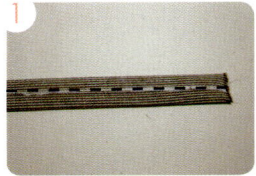
스트라이프 원단A의 위아래를 안쪽으로 모아 접은 뒤 점선을 기준으로 포개지도록 접는다. 펴지지 않게 핀으로 고정한다.

2
테두리에서 2mm 정도 들어가 끝까지 홈질을 한다.

3
매듭을 짓지 말고 약 15cm 길이의 실을 남긴다.

4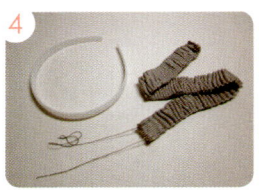
한쪽 테두리도 같은 방향에서 홈질을 시작해 매듭을 짓지 않고 실을 남긴다.

5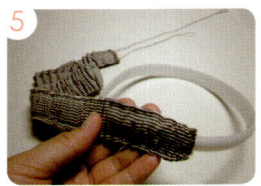
바느질을 시작한 부분부터 헤어밴드를 넣는다. 이때 주름을 조금씩 펴 넣으면 수월하게 들어간다.

6
모두 끼우고 헤어밴드 양 끝이 3~4cm 남도록 실을 균일하게 잡아 당겨 마무리한다.

7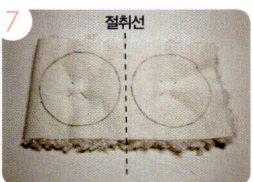
털 원단 뒷면이 보이게 겹친 뒤 지름 10cm의 원을 그리고, 천이 움직이지 않게 핀으로 고정한다. 절취선을 따라 원단을 자른다.

8
각각의 원단은 4cm가량의 창구멍을 남기고 밑그림을 따라 박음질한다.

9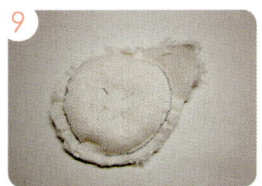
박음질이 끝나면 사진처럼 시접을 남기고 자른다.

10 창구멍으로 원단을 뒤집고 귀마개용 판넬을 넣는다.

11 판넬에 헤어밴드의 끝을 끼워 연결한다.

12 창구멍으로 사이사이 구름솜을 넣어 만졌을 때 살짝 빵빵할 정도로 만든다.

13 헤어밴드를 감싼 원단을 창구멍에 넣은 뒤 안뜨기로 연결한다.

14 새장 자수패턴을 귀마개 바깥쪽에 놓고 감침질이나 휘갑치기로 고정한다.

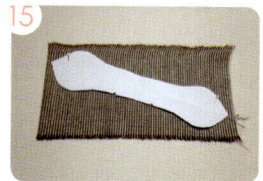

15 스트라이프 원단B 2장을 겹쳐 놓고 그 위에 토끼귀 패턴을 올려 그대로 그린다.

16 밑그림을 따라 창구멍만 남기고 박음질한 뒤 시접을 남기면서 모양대로 자른다.

17 창구멍으로 원단을 뒤집고 창구멍을 안뜨기로 막는다.

18 17의 원단을 한 번 묶은 뒤 만들어진 귀마개에 글루로 예쁘게 고정해 장식한다.

style04 **하이틴 영화의 주인공처럼! 프레피스타일**

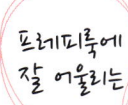

프레피룩에 잘 어울리는 엣지핀

재료

- 갈색 무광 공단리본 (폭 2.5cm) 22cm 2줄
- 베이지 무광 공단리본 (폭 2.5cm) 22cm 2줄
- 도트무늬 원단 (가로 20*세로 5cm) 1장
- 면레이스 6~7cm 1줄
- 플라스틱 판넬 1개
- 펠트(가로 3*세로 1cm) 2장
- 납작 자동핀(길이 8cm) 1개

1 판넬에 양면테이프를 이용해 원단을 붙이고, 깔끔하게 감싼다.

2 핀대에 1의 판넬을 붙이고, 그 위를 레이스로 장식한다.

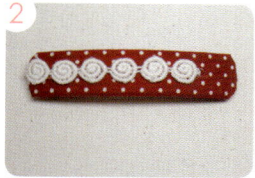

3 사다리꼴로 자른 4장의 공단리본을 모두 'ㄷ'자로 홈질한다.

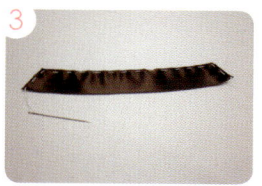

4 매듭을 짓지 않고 실을 당겨 주름을 잡고 양끝이 벌어지지 않게 바느질해 연결한다.

5 같은 색의 리본끼리 펠트 위에 동그랗게 붙인다.

6 리본 2개를 겹쳐 붙이고 남은 도트무늬 원단에 양면테이프를 붙인다.

7 양면테이프를 붙인 원단으로 리본장식 가운데를 감싸 잘록하게 만든다.

8 7의 장식을 핀대에 붙여 완성한다.

tip 납작한 자동핀으로 만들어 머리카락을 많이 집을 수 없으므로 머리숱이 많으면 일반 자동핀으로 제작한다.

style05 **소박해서 마음이 더욱 끌리는 컨트리스타일**

별도 나비도 깜빡 속은 들꽃똑딱핀

재료

- 노란색 모직원단 (사방 4cm) 10장
- 갈색 무광 공단 마무리리본 1마
- 풀색, 노란색 무광 공단마무리리본 각각 ½마
- 체크무늬 싸개단추 (지름 2cm) 2개
- 똑딱핀(길이 8cm) 2개
- 나무단추(지름 1cm) 2개

1
모직원단 한쪽을 둥글게 자른 뒤 반을 접은 다음 접힌 부분을 사선으로 잘라 V자를 만든다.

2
바느질로 5장씩 연결해 매듭지어 꽃잎을 만든다.

3
체크무늬 싸개단추를 꽃잎 가운데에 올려 글루로 붙인다.

4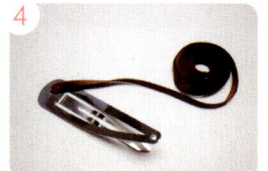
똑딱핀 머리 부분에 리본 끝을 고정하고 핀대를 꼼꼼하게 감는다.

5
핀의 뾰족한 부분은 글루를 발라 리본을 고정한다.

6
뾰족한 부분을 2번 감고 사진처럼 핀대 사이로 리본을 빼서 다시 반대쪽을 감는다.

7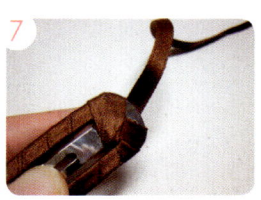
머리 부분은 사진처럼 형태에 따라 돌려 감는다. 이 방법이 어렵다면 일자로 2번 감아 마무리한다.

8
핀에 꽃장식을 붙인 뒤 펠트를 뒤에 덧붙여 더 견고하게 한다.

9
풀색과 노란색 마무리리본으로 나뭇잎을 만들어 붙이고, 나무단추로 깔끔하게 마무리한다.

tip 모직원단 대신 올이 풀리지 않는 스웨이드원단, 가죽원단 등으로 꽃잎을 만들어도 좋다.

style05 **소박해서 마음이 더욱 끌리는 컨트리스타일**

속삭이는 바람소리가 들려요~ 인디걸 헤어밴드

재료
- 빨간색 스웨이드리본 1마
- 보라색 스웨이드리본 1마
- 검은색 스웨이드리본 1마
- 초록색 스웨이드리본 ½마
- 나무구슬(폭 1cm) 4개
- 나무단추(지름 2cm) 1개
- 니켈 헤어밴드(폭 5cm) 1개
- 빨간색 깃털 2개
- 보라색 깃털 3개
- 펠트 약간

1 보라색, 빨간색, 검은색 스웨이드리본 옆면을 글루로 붙여서 고정한 뒤 세 가닥을 딴다.

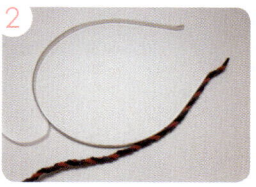

2 헤어밴드의 총 길이 만큼 땋은 뒤 약 1.5cm의 시접을 남기고 전체를 감싼다.

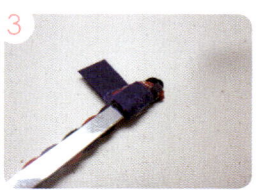

3 남은 시접은 안쪽으로 접어 넣고 가로, 가로 3*세로 1cm로 펠트를 잘라서 깔끔하게 감싼다.

4 남은 빨간색 스웨이드리본(길이 38cm)에 구슬을 꿰고 빠지지 않게 끝을 매듭짓는다.

5 4의 구슬리본을 나비보우로 묶는다.

6 초록색과 보라색 스웨이드리본을 포개 지름 1.5cm의 원이 되도록 돌돌 감고, 이어서 단추의 테두리를 감싸고 글루로 고정한다.

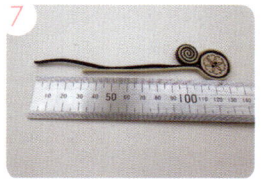

7 남은 길이가 초록색은 8cm, 보라색는 11cm가 되도록 자른다.

8 보라색 리본의 끝이 약 3mm가 더 나오도록 붙이고, 균형을 맞춰 돌돌 감는다.

9 지름 2cm의 펠트 위에 깃털을 조화롭게 놓고 글루로 고정한 뒤 8의 장식을 깃털 위에 붙인다.

10 9의 장식을 헤어밴드 1/3지점에 붙이고, 펠트로 튼튼하게 마무리한다.

11 미리 만들어 놓은 구슬리본장식을 붙여 완성한다.

tip 스웨이드는 늘어나는 소재이므로 일정한 힘 조절이 필요하다. 과정 8에서 끝을 붙이기 전에 여러 번 감는 연습을 충분히 한 다음 글루로 고정한다.

style05 소박해서 마음이 더욱 끌리는 컨트리스타일

리본 속의 리본 — 더블리본핀

재료

- 리본무늬 원단 (가로 10*세로 15cm) 2개
- 빨간색 무광 마무리리본 1마
- 파란색 무광 마무리리본 1마
- 플라스틱 반구슬장식 (지름 2.5cm) 2개
- 플라스틱 반구슬장식 (지름 1.5cm) 2개
- 면레이스 (폭 5.5cm) 10cm 2장
- 똑딱핀 (지름 10cm) 2개
- 펠트 약간

1
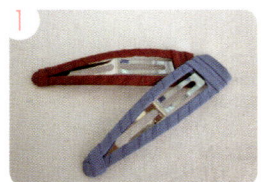
똑딱핀은 각각 빨간색, 파란색 리본으로 감아서 준비한다.

2

원단에 레이스를 대각선으로 놓고 바느질할 자리를 미리 확인한다.

3

레이스의 가운데를 지나도록 홈질한 채로 실을 당겨 주름을 잡고 매듭짓는다.

4

1의 핀대에 원단장식을 붙인다.

5

플라스틱장식을 원하는 느낌으로 구성하고 나비보우를 만들어 장식한다.

6

5의 장식을 원단장식 중심에 붙이고 펠트를 이용해 단단하게 고정한다.

style05 **소박해서 마음이 더욱 끌리는 컨트리스타일**

시골풍경 슈슈

정겨움이 한가득~

재료

- 보닛무늬 원단
 (가로 12*세로 15cm) 2장
- 진갈색 스티치 골지리본
 (폭 1.5cm) 30cm 1장
- 미니 외캡 고무줄 2개
- 구름솜 뭉쳐서
 주먹크기 정도

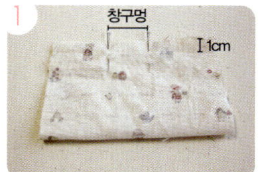

1. 반을 접어 시접 1cm를 남기고 시침핀으로 고정한 뒤 창구멍을 빼고 박음질한다.

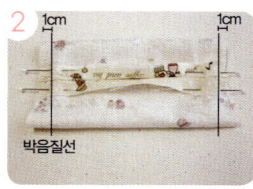

2. 창구멍은 사진처럼 중심에 두고 시접을 양쪽으로 편 뒤 시침핀으로 양쪽을 고정한다. 양끝의 1cm 안쪽으로 박음질을 한다.

3. 창구멍으로 원단을 뒤집는다.

4. 창구멍으로 구름솜을 원하는 양만큼 넣어준다. 통통해 보이도록 넣는 게 예쁘다.

5. 창구멍은 감침질이나 공그르기로 마무리한다.

6. 5의 원단은 홈질로 중심을 잡아 보우를 만들고 골지리본으로 삼각대를 만들어 준비한다.

7. 삼각대로 중심을 감싸고 고무줄 캡에 붙여 마무리한다.

tip 무늬의 크기가 작은 원단으로 만들어야 예쁘다.

style05 소박해서 마음이 더욱 끌리는 컨트리스타일

밀짚모자핀
& 우비소녀브로치

따스한 햇살이 빛나는 밀짚모자핀

재료

- 밀짚모자(중) 1개
- 진주구슬(지름 0.5cm) 30~40개 정도
- 주름레이스(폭 1.5cm) 15cm 1줄
- 꽃무늬 원단리본(폭 1cm) 30cm 1줄
- 자동핀(길이 6cm) 1개
- 펠트(지름 8cm) 1장

1

밀짚모자 뒷면에 펠트를 붙인다.

2

레이스는 주름을 잡으면서 글루로 모자에 고정한다.

3

실에 원하는 양 만큼 진주구슬을 끼워 모자를 두른 뒤 매듭에 바늘을 넣어 연결한다.

4

레이스 둘레에 글루를 바르며 진주구슬을 고정한다.

5
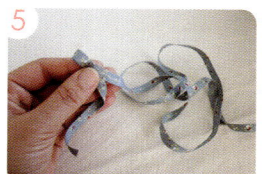
원단리본은 꼬리를 약 10cm 정도 남기고 나비보우를 만든다.

6

나비보우가 완성되면 필요한 만큼 꼬리를 남기고 자른다.

7

챙이 가장 좁은 쪽에 리본을 붙인 뒤 리본꼬리를 꼬아서 모양을 잡아 고정하고, 핀에 달아 완성한다.

비오는 날 만난 친구 우비소녀 브로치

재료

- 검은색 스웨이드리본 1마
- 분홍색 스웨이드리본 1마
- 연초록색 스웨이드리본 1마
- 도트무늬 원단리본(폭 1cm) 20cm 1줄
- 일자형 브로치(길이 3cm) 1개
- 'O'자형 고리 8~10개 정도
- 우비소녀 나무장식 1개
- 펠트(지름 2.5cm) 1장
- 펠트 약간

1 색색의 스웨이드리본을 8cm 길이로 6줄씩 자른다.

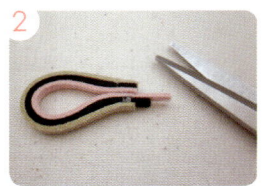

2 사진처럼 리본을 겹쳐 꽃잎 모양을 만들고 삐져나오는 부분은 가위로 정리한다.

3 6개의 꽃잎을 글루로 붙여 꽃을 만들고 펠트 위에 고정한다. 2줄의 리본을 지름 3cm로 말아 꽃술을 만들어 붙인다.

4 원단리본으로 만든 나비보우를 꽃술 마무리부분에 붙여 깔끔하게 가린다.

5 꽃잎에 'O'자형 고리를 연결하고 우비소녀 나무장식을 연결한다.

6 일자형 브로치에 펠트를 작게 잘라서 붙인다.

7 만든 리본장식을 브로치에 붙여 완성한다.

style05 소박해서 마음이 더욱 끌리는 컨트리스타일

깡충깡충 잘도 뛴다 토끼헤어밴드

재료

헤어밴드 2개 분량
- 레이스(폭 4cm) 60cm 2줄
- 하얀색 공단리본 (폭 4cm) 60cm 2줄
- 갈색 체크무늬 더블나비보우 1개
- 연갈색 체크무늬 더블나비보우 1개
- 토끼 나무장식 2개
- 감는 헤어밴드 2개
- 펠트(지름 5cm) 2개

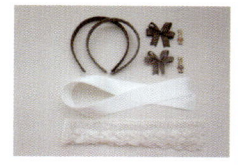

tip
- 갈색, 연갈색 체크무늬 골지리본(폭 1.5cm)을 각각 2마씩 사용했다.
- 같은 방법으로 헤어밴드를 하나 더 만들어 자매끼리 사용하면 좋다.

1. 레이스, 공단리본을 홈질해 도넛 모양을 만든다.

2. 공단리본은 펠트 지름에 맞춰서 매듭을 짓고 글루로 고정한다.

3. 공단리본 위에 레이스, 나비보우, 토끼 나무장식 순으로 붙인다.

4. 미리 리본으로 감아 놓은 헤어밴드의 1/3 지점에 3의 장식을 올려 완성한다.

style05 **소박해서 마음이 더욱 끌리는 컨트리스타일**

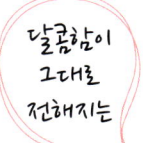

스마일 헤어밴드

달콤함이 그대로 전해지는

재료

- 갈색 피코트 골지리본 (2.5cm) 1마
- 쿠키무늬 피코트 골지리본 (2.5cm) 2마
- 검은색 골지리본 (2.5cm) 4.5cm 2줄
- 스마일쿠키장식 1개
- 빗살 헤어밴드 (폭 1.5cm) 1개
- 펠트(지름 5cm) 1장

1
헤어밴드에 양면테이프를 붙이고, 갈색 피코트 골지리본 중심을 맞춰 붙인다.

2
남은 리본은 자르고, 사진처럼 검은색 골지리본 가운데에 밴드를 놓고 감싼다.

3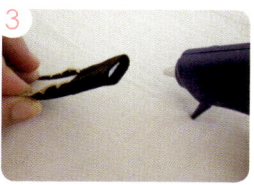
글루로 차례로 고정하고 끝부분에 글루를 살짝 넣어서 손으로 꼭 눌러 마무리한다.

4
리본을 쿠키무늬 리본A 35cm, 갈색 리본B 40cm, 쿠키무늬 리본C 45cm로 자른다.

5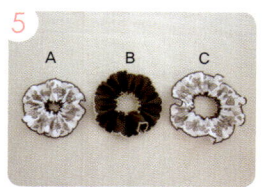
3개의 리본을 홈질할 때 안쪽 구멍의 지름이 정확하게 리본A 1.5cm, 리본B 2.5cm, 리본C 3.5cm가 되도록 한다.

6
리본A에 쿠키장식을 올리고 리본B, 리본C 순서대로 붙이고 뒷면을 펠트로 마무리한다.

7
만들어 놓은 6의 장식을 헤어밴드의 1/3지점에 붙여 완성한다.

tip 강의나 블로그에서 엄마들에게 가장 인기가 많았던 작품이다.

style05 소박해서 마음이 더욱 끌리는 컨트리스타일

행운을 부르는 인디언 슈슈

재료
- 인디언풍 골지리본
  (폭 2.5cm) 32cm 2줄
- 연노란색 스티치 골지리본
  (폭 2.5cm) 35cm 2줄
- 베이지색 돼지코 나무단추
  (지름 1.5cm) 2개
- 스티치 나무단추
  (지름 2.5cm) 2개
- 꽃캡 고무줄 2개

1. 한쪽 라인만 홈질을 하면서 실을 당겨 도넛모양을 만든다.

2. 골지리본 4줄 모두 같은 방법으로 도넛모양을 만든다.

3. 큰 단추 위에 작은 단추를 올려서 고정한다.

4. 노란색, 인디어풍 리본 순으로 2개씩 포개고, 그 위에 단추를 올려 장식한다.

5. 꽃캡 고무줄에 4의 장식을 붙여 완성한다.

style05 **소박해서 마음이 더욱 끌리는 컨트리스타일**

옹기종기 모아서 만든 단추핀

재료
- 보닛무늬 원단 (가로 20*세로 20cm) 1장
- 도트무늬 원단 (가로 10*세로 10cm) 1장
- 부직포 약간

엄마용
- 싸개단추(지름 5cm) 1개
- 싸개단추(지름 3.5cm) 1개
- 싸개단추(지름 2cm) 1개
- 자동핀(길이 6cm) 1개

아이용
- 싸개단추(지름 4cm) 1개
- 싸개단추(지름 2.5cm) 1개
- 싸개단추(지름 1.6cm) 1개
- 자동핀(길이 5cm) 1개

1. 싸개단추를 원단 위에 올려서 원하는 무늬를 결정한 다음 6개 모두 시접 1.5cm 정도 여유를 두고 둥글게 자른다.

2. 양면테이프를 이용해 단추 중심에 원단을 정확히 고정한다.

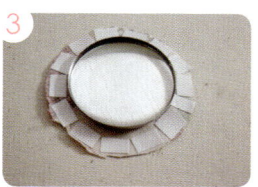

3. 시접부분은 일정한 간격으로 가위집을 내고 양면테이프를 붙인다.

4. 테이프를 떼어내고 손톱으로 꾹 눌러 시접을 깔끔하게 정리한다.

5. 싸개단추는 뚜껑을 빠지지 않도록 꼭 눌러 닫는다.

6. 6개 모두가 완성되면 원하는 모양으로 배열을 한 다음 고정한다.

7. 핀대에 펠트를 붙여 접착력을 높이고 6의 장식을 올려 완성한다.

tip 과정 5에 뚜껑을 닫기 전 안쪽에 본드를 바른 뒤 닫으면 더 단단하게 고정할 수 있다.

style06 **그녀는 뭔가 특별해! 럭셔리스타일**

위풍당당! 호피 헤어밴드

재료
- 호피무늬 원단 (폭 4cm) 40cm 1장
- 마감원단테이프 (폭 2.5cm) 1개
- 감는 헤어밴드 (폭 2.5cm) 1개

1

헤어밴드 폭에 맞춰 양면테이프를 붙인 뒤 안전테이프를 떼어낸다.

2
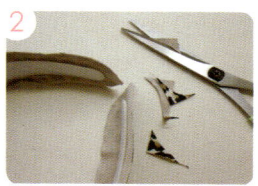

준비된 호피무늬 원단을 헤어밴드 겉에 붙이고 원단 양 끝을 가위로 동그랗게 다듬어 자른다.

3
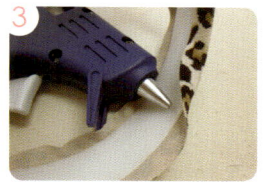

밖으로 삐져나온 원단에 글루를 발라 헤어밴드 안쪽으로 접어 붙인다.

4

헤어밴드 양 끝의 둥근 부분은 납작하게 접어가며 붙인다.

5

마감원단테이프를 헤어밴드 안쪽에 붙인다. 안전테이프를 조금씩 떼어가며 끝까지 붙여 완성한다.

tip 헤어밴드에 원단을 붙일 때 원단을 조금씩 잡아당기며 팽팽한 상태를 유지해야 원단이 울지 않아 모양새가 예쁘다. 안쪽 마무리 원단테이프는 안전테이프를 조금씩 떼면서 붙이는 게 포인트. 한번 붙으면 좀처럼 떨어지지 않으니 조심해서 붙인다.

style06 **그녀는 뭔가 특별해! 럭셔리스타일**

엄마와 함께 자매처럼 트윈버터플라이핀

재료
- 살구색 비즈리본
  (폭 1.5cm) 40cm 1줄
- 펠트
  (가로 10*세로 5cm) 1장

엄마용
- 무광 살구색 공단리본
  (폭 4cm) 40cm 2줄
- 자동핀(길이 7cm) 1개

아이용
- 무광 살구색 공단리본
  (폭 2cm) 30cm 2줄
- 자동핀(길이 6cm) 1개

tip 비즈리본의 마감 부분을 매끄럽게 하기 위해서는 여분을 두고 자른다. 끝의 비즈를 제거한 뒤 그 부분을 안쪽으로 접으면 깔끔하게 마무리할 수 있다.

1 살구색 공단리본 양 끝을 가운데로 모아 겹친 뒤 핀으로 고정한다.

2 핀이 꼽힌 상태에서 리본의 아래 라인을 1.5cm 간격으로 홈질한다.

3 주름을 잡고 벌어지지 않게 리본 중간을 실로 살짝 묶는다. 홈질된 부분을 겹쳐 다시 한 번 홈질한다.

4 주름진 리본 두 개는 홈질한 부분이 맞닿게 놓고 글루로 고정한다.

5 펠트(사방 1cm) 2장을 4의 리본 앞 뒤에 붙여 이음매를 가린다.

6 비즈리본으로 가운데 부분을 쪼이듯 감고 글루로 고정해 마무리한다.

7 핀대 길이에 맞게 펠트를 오려 윗면에 붙인다.

8 살구색 비즈리본도 핀대 길이에 맞게 잘라 글루로 붙인다.

9 8의 핀 끝에 펠트를 적당한 크기로 오려 붙인 뒤 6의 리본을 글루로 고정해 완성한다.

style06 **그녀는 뭔가 특별해! 럭셔리스타일**

바이올렛 코르사주

재료

- 보라색 공단리본
  (폭 2.5cm) 11cm 13줄
- 흑조 천사날개 1개
- 작약 비즈장식 1개
- 집게 겸용 원형브로치
  (지름 5cm) 1개
- 펠트(지름 6cm) 1장

1

바이올렛 공단리본의 한쪽 끝은 앞으로, 반대쪽 끝은 뒤로 접는다.

2

뒤로 접은 쪽이 반대쪽 위로 오도록 포개 접어 꽃잎 모양을 만든다.

3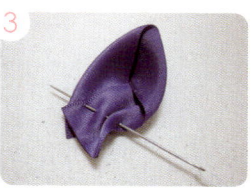

포개 접은 부분을 홈질로 꿰맨 뒤 매듭을 짓는다.

4

매듭 밖으로 나온 리본 끝을 가위로 잘라 깔끔하게 정리한다.

5

작은 꽃잎을 6장씩 모아 글루로 고정하고 남은 7장의 꽃잎도 같은 방법으로 만들어 준비한다.

6

두 개의 꽃잎을 포갠 뒤 가운데 부분에 비즈장식을 붙인다.

7

날개 위에 6의 꽃을 올려 글루로 고정하고 펠트, 브로치 순서대로 붙여 완성한다.

style06 그녀는 뭔가 특별해! 럭셔리스타일

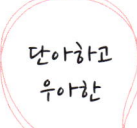

별바라기 헤어장식

단아하고 우아한

재료

- 은회색 공단리본
  (폭 2.5cm) 1½마
- 실버진주(지름 1.5cm) 1개
- 뒤꽂이 핀대 1개
- 펠트(지름 3cm) 1장

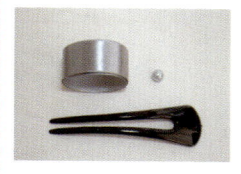

1

은회색 공단리본을 7.5cm로 8장, 8cm로 7장 재단한 뒤 리본을 90도로 접어 시침핀으로 고정한다.

2

리본의 삼각형 부분을 다시 반 접어 시침핀으로 고정한다.

3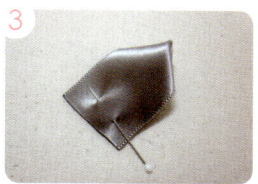

겹친 부분을 홈질로 꿰매 나뭇잎 모양으로 만든다.

4

7.5cm 리본은 각각 3장, 5장씩 홈질해 맞닿게 꿰맨다.

5

8cm 리본 7장도 마찬가지 방법으로 연결해 꽃을 만든다.

6

3개의 꽃을 작은 크기가 위로 올라오도록 포갠 뒤 글루로 고정한다. 가운데 진주도 붙인다.

7

꽃 뒷면에 펠트를 붙여 마무리하고 글루로 뒤꽂이 핀대에 고정해 완성한다.

style06 **그녀는 뭔가 특별해! 럭셔리스타일**

클래식 스타일의 포인트! 블랙시크핀

재료
- 비즈망사리본 (폭 2cm) 10cm 2줄
- 검은색 공단리본 (폭 4cm) 2마
- 바나나핀 1개
- 펠트 약간

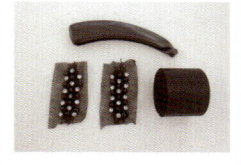

1
검은색 공단리본을 30cm로 4장, 28cm로 2장 준비한다. 리본의 한쪽 끝을 가운데로 접어 사진처럼 핀으로 고정한다.

2
반대쪽 리본 끝 역시 같은 방법으로 포개 시침핀으로 고정한다.

3
리본 밖으로 삐져나온 끝(전체 폭의 ⅓)을 뒤쪽으로 접은 다음 가운데를 홈질한다.

4
위와 같은 방법으로 재단한 리본 모두를 홈질한 뒤 가운데 부분을 조여 매듭짓는다.

5
길이가 긴 리본 2개를 글루로 붙인 뒤 그 위에 짧은 리본 1개를 올려 글루로 붙인다.

6
5의 리본허리에 비즈망사리본을 두른다. 리본 끝의 장식은 덜어내 그 부분이 잘 붙도록 한다.

7
리본 뒷면에 펠트를 붙인다. 같은 방법으로 리본을 하나 더 만든 뒤 펠트로 마무리한다.

8
바나나핀 양쪽에 7의 리본을 글루로 고정해 완성한다.

tip 비즈망사리본을 붙일 때 양쪽 끝의 장식을 덜어내지 않으면 마무리 부분이 울퉁불퉁해져 바나나핀에 붙이기가 어렵다.

style06 그녀는 뭔가 특별해! 럭셔리스타일

두 가지 톤의 조화 브라운 가리비핀

재료
- 투톤 반짝이 자카드 공단 리본(폭 4cm) 2마
- 스트라이프 투톤 공단리본 (폭 2.5cm) 2마
- 갈색 망사원단 (사방 10cm) 1장
- 가리비 집게핀(대) 1개
- 펠트 약간

1

펠트를 자카드 공단리본 끝에 붙여 핀에 고정한다.

2

손잡이 부분에서 리본을 한 번 비틀어 내린 뒤 자른다. 반대쪽도 펠트를 붙여 고정한다.

3

자카드 공단리본이 총 11cm가 되도록 '∞'자로 접고 한 번 더 사선으로 리본을 내린다.

4

다시 가운데 뒤쪽으로 리본을 접어올린 뒤 조금 더 틀어 사선 방향으로 내린다.

5

시접 부분을 남겨 리본을 자른 뒤 가운데를 홈질해 조여 매듭짓는다. 같은 방법으로 1개 더 만든다.

6

스트라이프 리본은 총 길이를 9cm가 되게 접어 자카드 리본처럼 보우 2개를 만든다.

7

남은 스트라이프 공단리본을 'V'자 모양으로 접은 뒤 윗선에 맞춰 내려 핀으로 고정한다.

8

같은 방법으로 다섯 번 접어 핀으로 고정하고 리본 끝은 아래로 향하게 내려 자른다.

9

리본의 위쪽 라인을 홈질해 실을 당겨 매듭짓고, 양쪽 끝을 글루로 붙인다. 같은 방법으로 1개 더 만든다.

10

망사는 사방 3cm로 재단해 핑킹가위로 자르고 1~2장을 겹쳐 세모로 접은 뒤 진주를 붙인다.

11

10의 장식을 9의 꽃볼 위에 붙여 장식 2개를 완성한다.

12

자카드, 스트라이프 리본, 꽃볼 순으로 올려 글루로 붙인 뒤 가리비핀 양쪽에 고정한다.

style06 **그녀는 뭔가 특별해! 럭셔리스타일**

명품보다 더 값진 럭셔리 핀

재료
- 자카드원단 (폭 4.5cm) 13cm 1줄
- 플라스틱 판넬 (길이 10cm) 1개
- 자동핀(길이 8cm) 1개
- 도금 장미장식 1개

tip 원단 위에 접착제를 바른 물건을 올리면 만드는 데 시간이 꽤 걸리는 편이다. 금속이나 아크릴 재질을 붙이는 섬유 전용 접착제를 사용한다.

1. 플라스틱 판넬 위에 양면테이프를 붙인 뒤 자카드 원단을 붙인다.

2. 판넬 안쪽에도 양면테이프를 붙이고 남겨진 시접을 위, 아래, 양 옆 순으로 접어 마무리한다.

3. 자동핀 위의 가운데에 펠트를 잘라 붙인다.

4. 핀대에 2의 판넬을 놓고 글루로 고정한다.

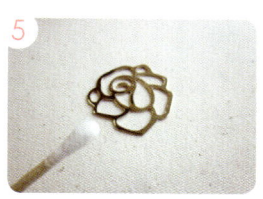

5. 면봉에 접착제를 묻힌 뒤 장미장식 한쪽 면에 골고루 바른다.

6. 핀의 한쪽 끝에 5의 장식을 붙여 완성한다.

style06 그녀는 뭔가 특별해! 럭셔리스타일

반짝반짝 빛나는~ 비즈리본핀

재료
- 그라데이션 망사원단 (가로 11*세로 9cm) 8장
- 스웨이드 원단리본 (폭 1.5cm) 12cm 1줄
- 비즈장식 (지름 1~1.5cm) 3~5개
- 반쪽진주(크기별로) 3~5개
- 자동핀(길이 10cm) 1개
- 펠트(지름 2.5cm) 1장

1 망사원단을 사진처럼 사선으로 틀어 접는다.

2 1을 표시된 방향으로 반 접는다. 망사의 모서리 4개가 모두 살 수 있도록 겹치지 않게 접는다.

3 망사 끝의 가운데 끝에 글루를 바르고 글루가 식어 살짝 굳었을 때 손으로 꾹 누른다.

4 나머지 7장의 망사원단을 위와 같은 방법으로 만들어 준비한다.

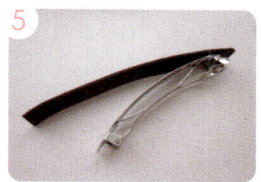

5 핀대에 스웨이드 원단리본을 붙인다. 남은 시접 부분도 안쪽으로 접어 글루로 고정한다.

6 4의 망사원단을 4장씩 배열한 다음 사진처럼 끝을 가운데 방향으로 모아 글루로 붙인다.

7 펠트 중심에 두기로 한 비즈를 글루로 고정한 다음 바늘로 꿴다.

8 이어서 큰 비즈와 진주 위주로 주변을 장식한다. 비즈는 반드시 바느질로 꿰어 단다.

9 장식의 틈을 작은 비즈와 진주로 장식해 마무리한다.

tip 망사원단을 그라데이션으로 준비하기 어렵다면 직물의 견본품을 이용해도 좋다. 펠트 위에 비즈를 장식할 때는 원하는 모양이 나오도록 배열을 먼저 해보고 결정이 되면 바느질한다.

10 완성한 장신구를 6의 망사원단 가운데 부분에 붙인다.

11 망사리본장식을 자동핀 가운데에 붙여 완성한다.

style06 그녀는 뭔가 특별해! 럭셔리스타일

달맞이 코르사주

환한 빛이 들어오다

재료
- 연노란색 무광 공단리본 (폭 2.5cm) 2마
- 집게 겸용 원형브로치 (지름 4cm) 1개
- 수술장식 3개
- 펠트(지름 5cm) 1장

1
연노랑 공단리본을 8cm 길이 17장으로 재단한 뒤 사진처럼 접어 핀으로 고정한다.

2
리본은 모두 1의 핀의 위치(정가운데)를 기준으로 접는다.

3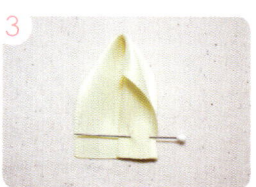
2의 리본을 다시 사진처럼 반 접어 시침핀으로 고정한다.

4
핀으로 고정한 라인을 홈질해 매듭짓고, 리본 3개만 가운데에 수술장식을 꽂는다.

5
수술이 달린 3개의 리본을 모아 먼저 고정한 뒤 7개의 리본 장식을 둘레에 붙인다.

6
나머지 7개의 리본은 듬성듬성한 부분에 채워 넣듯이 붙이고 길게 삐져나온 수술 대를 잘라낸다.

7
펠트 위에 6의 꽃을 올려 글루로 고정한 다음 브로치 위에 붙여 완성한다.

style06 **그녀는 뭔가 특별해! 럭셔리스타일**

레이디 헤어밴드

재료

- 인디핑크색 실크리본 (폭 10cm) 1마
- 비즈리본(폭 1cm) 5cm 1줄
- 감은 니켈헤어밴드 (폭 0.5cm) 1개
- 펠트(폭 5cm) 10cm 1장

1. 실크리본을 길이 8cm가 되도록 타원형으로 만다.

2. 볼펜이 가리키는 지점(안으로 2~2.5cm)까지 리본을 말아 물결 모양을 만든다.

3. 세 번 정도 V자로 접은 뒤 헤어밴드로 움직이지 않게 누른다. 리본은 7cm 시접을 남겨 자른다.

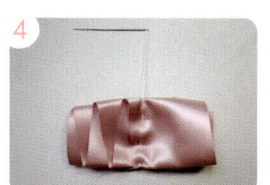

4. 남은 시접을 리본 안쪽으로 말아 넣고 가운데를 홈질해 실을 당긴다.

5. 가운데를 조여 매듭을 짓고 비즈리본으로 장식한다.

6. 이음매를 글루로 붙이고 맞닿는 부분의 비즈를 쪽가위로 제거한다.

7. 6의 리본을 헤어밴드에 글루로 고정한 뒤 리본모양으로 자른 펠트를 붙여 마무리한다.

style07 **특별한 날을 위한 스페셜 스타일**

곱게 차려입은 한복과 함께!

궁중댕기

재료

- 오래된 한복 옷고름 재활용
  (또는 공단리본(폭 7cm) 1마)
- 나비자수장식 1개
- 살구색 공단리본(폭 2.5cm) 8cm 7줄
- 연보라색 공단리본(폭 2.5cm) 8cm 7줄
- 노란색 양단리본(폭 2.5cm) 1마
- 고무줄 1개
- 펠트 약간

1 사진처럼 공단리본을 양옆을 모아 접는다.

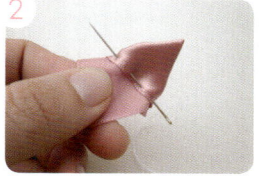

2 삼각형의 아랫변을 따라 홈질해 실을 당겨 주름을 잡고 매듭짓는다.

3 꽃잎 형태가 되면 남은 리본은 잘라낸다. 준비한 공단리본을 같은 모양으로 만든다.

4 자수장식 둘레를 따라 만들어 놓은 꽃잎을 균일하게 붙인다.

5 한복 옷고름을 65cm 길이로 잘라서 직각이 되게 접는다.

6 이어서 삼각형이 되도록 위에서 아래로 접어서 글루로 고정한다.

7 6의 원단을 뒤집어서 맞은편도 같은 방법으로 삼각형이 되도록 접는다.

8 삼각형이 같은 방향으로 오도록 원단을 접는다. 이때 4~5cm 정도의 간격으로 접는게 가장 예쁘다.

9 양단리본 끝을 삼각형으로 접은 뒤 8의 리본에 사진처럼 고정한다.

10 옷고름을 18~20cm로 잘라서 양끝을 삼각형으로 만든다.

11 10의 원단 중심에 양단리본을 고정한 뒤 '∞'자로 삼각형 부분을 걸듯 감는다.

12 11의 가운데에 4의 꽃을 붙인다.

13 12의 장식을 9의 댕기 윗부분에 글루를 이용해 고정한다.

14 장식을 붙인 뒷면에 바늘땀을 넣어서 겹으로 된 댕기가 움직이지 않게 고정한다.

15 이어서 고무줄을 올리고 펠트로 더 단단하게 고정해 댕기를 완성한다.

tip

신혼시절 입던 한복은 살이 쪄져서 못 입거나 유행이 지나 애물단지가 된다. 이런 한복의 옷고름을 이용해 만든 댕기는 아이들 명절날 액세서리로도 좋고, 재활용도 할 수 있어 일석이조이다.

style07 **특별한 날을 위한 스페셜스타일**

연꽃비녀

양갓집 규수가 따로 없어요~

재료

- 수박색 공단리본
  (폭 4cm) 13cm 7줄
- 남색 공단리본
  (폭 2.5cm) 8cm 7줄
- 회분홍색 공단리본
  (폭 4cm) 13cm 7줄
- 진주체인 약 14~16cm 1줄
- 꽃장식 1개
- 전통문양 도금장식 1개
- 장미 도금장식 2개
- 비녀 1개
- 'O'자 고리 1개
- 펠트(지름 2.5cm, 5cm, 6cm) 각 1장씩

1

공단리본을 3등분 해 사진처럼 삼각형으로 접는다.

2

삼각형의 양끝 점을 맞춰 접은 뒤 홈질해 고정한다.

3

잘라놓은 모든 공단을 2의 방법으로 모양을 만들고 배열할 순서를 정한다.

4

배열한 순서대로 끼워서 꽃잎 한 장을 만든다.

5

꽃잎 끝에서 3.5~4cm 내려가 홈질이 풀리지 않게 사선으로 자른다. 절단면의 각도가 꽃 높이를 결정하니 신중하게 자른다.

6

겉면의 수박색 꽃잎은 라이터로 시접을 깨끗하게 정리한다.

7

꽃잎 7장은 옆면에 글루를 발라서 연결한다.

8

지름 2.5cm의 펠트를 가운데에 올리고 꽃장식을 붙인 전통문양 도금장식을 붙인다.

9

진주체인 양 끝에 장미 도금장식을 건다.

10

진주체인을 하나는 길게, 하나는 짧게 접은 뒤 전통문양 도금장식을 'O'자 고리로 연결한다.

11

지름 5cm 펠트를 꽃의 뒷면에 붙이고, 지름 6cm 펠트는 비녀에 붙인다. 두 장의 펠트를 맞붙여 고정해 완성한다.

style07 특별한 날을 위한 스페셜스타일

연둣빛머리핀
& 공주의 빗살핀

시원한 모시옷에 어울리는 연둣빛 머리핀

재료

- 스웨이드리본 20~30cm 1줄
- 다양한 크기의 모시조각 7~8장
- 플라스틱 반구슬장식 (지름 1.5cm) 3~4개
- 플라스틱 판넬(길이 10cm) 2~3개
- 자동핀(길이 10cm) 1개
- 하얀색 펠트(사방 10cm) 1장

1
잘 어울리는 색깔별로 모시조각을 배열해 놓고, 두 장의 모시조각을 겹쳐 시접을 남기고 박음질한다.

2
1의 모시조각에 다른 색의 모시조각을 연결해 큰 직사각형 원단으로 만든다.

3
세 개의 작은 조각들을 이어 하나의 직사각형 원단으로 만든다.

4
3번의 원단과 2의 원단을 시접 1cm를 남기고 박음질해, 가로 15~16cm, 세로 9~10cm 크기의 원단으로 만든다.

5
판넬 2개를 나란히 놓고 한쪽 모서리에 글루를 발라 붙인다. 양면 테이프를 필요한 만큼 잘라 붙이고 펠트를 고정한다.

6
준비한 모시원단을 판에 놓고 위와 아래를 잡아당겨 팽팽하게 글루로 붙인다.

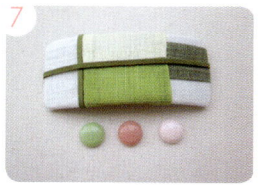

7
스웨이드리본과 플라스틱 반구슬장식으로 볼륨감도 주며 예쁘게 꾸민다.

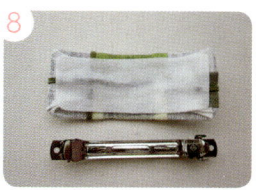

8
남은 펠트로 뒷면을 정리하고 핀에 붙이면 완성.

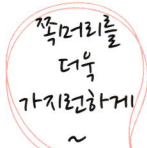

공주의 빗살핀

재료
- 청색 양단리본(가로 10*세로 6cm) 1장
- 큰 자개꽃 1개
- 작은 자개꽃 3개
- 전통문양 도금장식 1개
- 검은색 자개비즈장식 3개
- 빗살핀 1개
- 타원형 판넬(가로 10cm) 1개
- 펠트(가로 10*세로 3cm) 1장

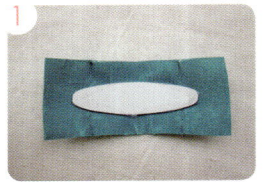

1 타원형 판넬에 양면테이프를 이용해 양단리본을 붙인다.

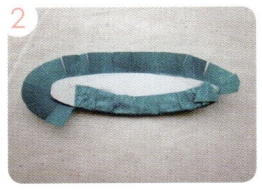

2 시접을 남기고 타원형으로 자른 뒤 가위집을 내 판넬을 깔끔하게 감싼다.

3 판넬에 펠트를 대고 약 2mm 작게 자르고, 뒷면에 붙인다.

4 금속용 본드로 자개꽃과 비즈장식을 붙이고, 전통문양 도금장식 위에 놓을 위치를 결정한다.

5 자개꽃에 맞춰 펠트를 크기별로 2장씩 자른다. 자개꽃 뒷면에 펠트를 붙인 뒤 문양판에 나머지 한 장과 앞뒤로 붙인다.

6 작은 꽃장식도 같은 방법으로 단단하게 붙인다.

7 양단리본으로 감싼 판넬을 빗살핀에 고정하고, 한쪽에 도금장식을 올려 마무리한다.

tip 과정 2에서 곡선이 심한 곳은 가위집을 잘게 주면 깔끔하게 붙일 수 있다.

style07 특별한 날을 위한 스페셜 스타일

배씨헤어밴드

세자빈의 단아함이 가득 담긴

재료

- 양단원단 (사방 12cm) 1장
- 갈색 공단리본 (폭 2.5cm) ½마
- OHP필름 패턴 (지름 6.5cm) 1개
- 자연갈색 가채(폭 1cm) 1마
- 검은색 가채(폭 0.5cm)1마
- 천연석 4~5개
- 꽃잎문양 도금장식 1개
- 꽃 도금장식 1개
- 금색 반쪽진주 (지름 1cm) 4~5개
- 금색 반쪽진주 (지름 0.5cm) 8~10개
- 망사로 감싼 진주 (지름 1.5cm) 1개
- 낚시줄 ½마
- 솜(두 주먹크기) 1개
- 2줄 헤어밴드 1개
- 펠트(지름 6.5cm) 1개
- 펠트(지름 2cm) 1개

1
투명필름에 지름 6.3cm 원을 그리고 6등분한 뒤 0.2cm 간격을 두고 그대로 오려 지름 6.5cm의 원판을 만든다.

2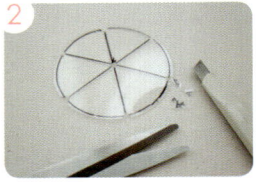
등분이 나눠진 부분에 'V'자로 홈을 내고, 중심에도 칼이나 송곳으로 구멍을 낸다.

3
양단원단에 지름 10cm의 원을 그리고 선을 따라 홈질한다.

4
솜을 넣고 실을 잡아당기며 볼륨감을 정한다.

5
원하는 볼륨이 되면 원판을 넣고 홈질한 선이 약 0.7~1cm 안으로 들어가도록 실을 잡아당겨 매듭짓는다.

6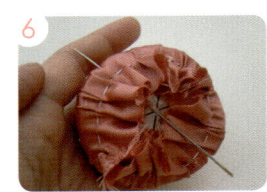
대바늘에 낚시줄을 끼우고 'V'자로 낸 홈에 바늘을 넣는다.

7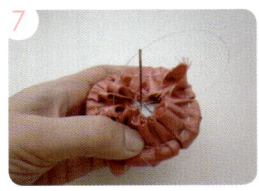
등분한 선을 따라 바늘을 넣고, 빼기를 반복한다.

8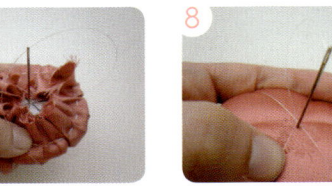
솜을 넣은 원단이 6등분되고, 반대편으로 바늘이 나오면 중심부에 다시 직각으로 꽂는다.

9
바늘이 밑으로 나오면 낚시줄을 한번에 잡아 중심 밑으로 강하게 조여지도록 잡아당긴다.

10

판 뒷부분에서도 강하게 잡아당겨 5~6번 매듭지어 형태를 유지시킨다.

11

시접 부분은 글루를 이용해 주름을 잡아가며 고정시킨 후 펠트로 마무리한다.

12

작은 크기의 펠트 위에 꽃잎문양 도금장식을 붙인다.

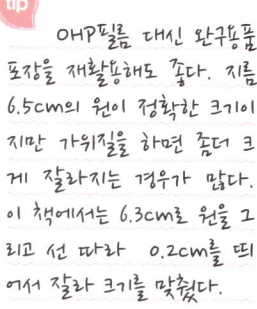

tip OHP필름 대신 완구용품 포장을 재활용해도 좋다. 지름 6.5cm의 원이 정확한 크기이지만 가위질을 하면 좀더 크게 잘라지는 경우가 많다. 이 책에서는 6.3cm로 원을 그리고 선 따라 0.2cm를 띄어서 잘라 크기를 맞췄다.

13

꽃잎문양 도금장식 위에 천연석, 꽃 도금장식, 진주를 붙여 장식을 만든다.

14

13의 금속장식을 만들어 놓은 양단장식에 글루로 고정한다.

15

가채(폭 0.5cm)의 올이 풀리지 않게 한쪽 끝에 테이프를 둘러 끝을 살짝 잘라 깔끔하게 정리한 뒤 헤어밴드 한쪽 줄을 따라 붙인다.

16

한 줄이 끝나면 가채를 자르지 말고 반대쪽 끝으로 그대로 가져가 끝까지 고정한다.

17

15처럼 끝을 정리한 가채(폭 1cm)를 22cm 2개, 12cm 2개로 자른 뒤 사진처럼 'U'자로 모아 고정하고, 그 중심을 리본으로 감는다.

18

헤어밴드 중심에 17의 가채와 원단장식을 올려 고정한다.

19

가채에 금색 진주로 장식한다.

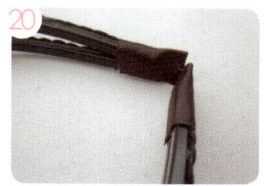

20

헤어밴드 끝을 리본으로 감아서 마무리한다.

style07 **특별한 날을 위한 스페셜스타일**

Happy 할로윈! 호박 헤어밴드

재료
- 검은색 골지리본 (폭 2.5cm) 40cm 1줄
- 주황색 공단리본 (폭 0.4cm) 50cm 1줄
- 연녹색 마무리리본 30cm 1줄
- 주황색 펠트 (가로 15*세로 10cm) 1장
- 검은색 펠트 (가로 7*세로 9cm) 1장
- 호박 패턴
- 니켈 헤어밴드 1개

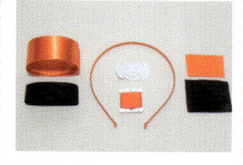

1

호박장식 패턴을 주황색 펠트 위에 놓고 밑그림 그린다.

2

그림에 맞게 둘레 부분을 잘라내고 눈, 코, 잎 등에 구멍을 낸다.

3

검은색 펠트 위에 2의 주황색 펠트를 올리고 글루가 뭉치지 않게 얇게 펴 바르면서 붙인다.

4
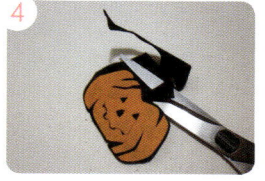
검은색 펠트는 주황색보다 0.2cm 더 크게 자르고 호박의 머리 부분은 꼭지처럼 남겨 자른다.

5

검은색 골지리본의 한쪽 라인은 주황색 실을 이용해 휘감치기하고 반대쪽은 홈질로 주름을 잡아 총 15cm 길이가 되게 한다.

6

주황색 공단리본은 한쪽 라인을 홈질로 주름잡아 총 길이가 20cm가 되게 한다.

7

5의 검은색 골지리본은 사진처럼 지그재그로 포개 시침핀으로 고정해 접는다.

8
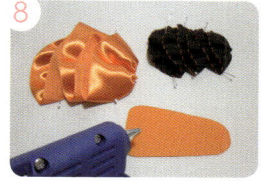
주황색 공단리본도 비슷한 방식으로 포개 핀으로 고정하고 남은 주황색 펠트는 당근 모양으로 잘라 준비한다.

9

당근 모양의 펠트 위에 시침핀을 뺀 주황색 리본 장식과 검은색 리본 장식을 순서대로 올려 글루로 고정한다.

10

주름 속에 글루를 짠 뒤 열기가 식으면 살짝 눌러 결을 살린다.

11

10의 위에 완성한 4의 호박을 올려 고정하고 나비보우로 만든 마무리리본으로 주변을 장식한다.

12

리본으로 감싼 헤어밴드 한쪽에 11을 고정해 완성한다.

tip
- 펠트는 재질의 특성상 칼로 잘 잘리지 않으니 반드시 가위를 사용해 자른다.
- 헤어밴드는 주황색 공단리본 1마로 감거나 감아져 있는 반제품을 사용해도 좋다.

style07 **특별한 날을 위한 스페셜스타일**

미키마우스 헤어밴드

가자! 디즈니랜드로~

재료
- 노란색 무광 공단리본 (폭 2.5cm) 1½마
- 별무늬 원단 (가로 12*세로 50cm) 1장
- 귀마개 패턴
- 감는 헤어밴드 (폭 1.5cm) 1개

1. 별무늬 원단에 패턴을 대고 미키마우스 귀 모양을 그린다. 사진처럼 창구멍이 양쪽 귀의 가운데로 가게 놓고 그린다.

2. 귀 모양 패턴이 두 겹이 되도록 원단을 접어 시침핀으로 고정한다.

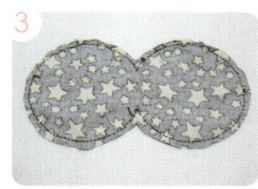

3. 겹쳐진 창구멍 부분을 제외한 나머지 둘레를 박음질한 뒤 시접을 남기고 잘라낸다.

4. 박음질선 밖의 테두리를 매끄럽게 하기 위해 곳곳에 가위집을 낸다.

5. 창구멍 부분의 원단 1장만 'l'자로 절개한 뒤 원단을 뒤집는다.

6. 창구멍 속으로 양쪽 귀에 솜을 채워 넣고 두께의 균형을 맞춘다.

7. 노란색 공단리본을 한 번 매듭지은 다음 귀의 가운데 부분을 묶어 마무리한다.

8. 남은 노란색 공단리본 끝을 헤어밴드 안쪽으로 넣은 다음 사진처럼 매만져 글루로 고정한다.

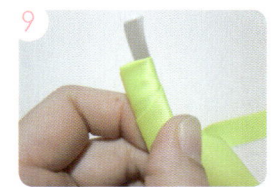

9. 남은 긴 리본을 사선 방향으로 감기 시작한다.

10. 귀마개 장식을 올릴 가운데 위치에서 리본을 끊어주고 반대쪽도 같은 방법으로 리본을 감는다.

11. 미키마우스 장식을 헤어밴드 가운데 부분에 올려 글루로 고정한다. 귀 아래와 뒤쪽에 글루를 발라 견고하게 붙인다.

style07 **특별한 날을 위한 스페셜스타일**

루돌프 헤어밴드

코가 빨개진다!

재료
- 크리스마스리본 (폭 1.5cm) 1½마
- 금색 망사원단 약간
- 깃털(길이 16~20cm) 1줄
- 루돌프와펜 1쌍
- 나뭇잎 장식 1개
- 미니 솔방울 1개
- 감는 헤어밴드 (폭 1.5cm) 1개
- 펠트(지름 7cm) 1개

1

펠트 위에 루돌프와펜을 세워 글루로 고정한 다음 펠트 둘레에 깃털을 붙인다.

2

나뭇잎 장식에 금색 망사원단을 사진처럼 접어 겹치고 나비보우로 만든 리본장식을 붙인다.

3

리본 위에 솔방울을 올려 글루로 고정해 매듭지은 실을 가린다.

4

루돌프장식 바닥 가운데 글루를 바르고 3의 장식을 올려 고정한다.

5

크리스마스리본으로 감은 헤어밴드에 4의 장식을 적당한 위치에 올리고 글루로 고정한다.

tip 나뭇잎장식은 크리스마스 케이크 또는 트리장식에 이용했던 것을 재활용하면 좋다.

style07 **특별한 날을 위한 스페셜스타일**

소공녀 똑딱핀

반송반송 귀여운

재료

- 하얀색 모피리본 1개
- 크리스마스리본 (폭 2.5cm) 30cm 1줄
- 빨간색 마무리리본 1마
- 타원형 똑딱핀 (길이 5cm) 1개
- 고리 5~7개
- 꽃잎장식 1개
- 펠트 약간

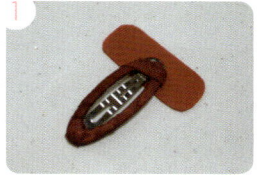

1. 가로 5*세로 1.5cm로 자른 펠트 위에 마무리리본으로 감싼 똑딱이핀을 사진처럼 올려 글루로 고정한다.

2. 크리스마스리본은 한쪽 끝을 안쪽으로 접고, 이어서 사진처럼 꼰다.

3. 2의 리본 끝을 뒤로 넘겨 꼰 뒤 안쪽으로 접는다.

4. 남은 리본을 자르고 가운데를 홈질해 잘록하게 매듭짓는다. 마무리리본 남은 것은 나비보우를 만든다.

5. 모피리본 위에 크리스마스리본과 마무리리본으로 만든 장식을 순서대로 올려 글루로 고정한다.

6. 'O'자 고리를 이용해 꽃잎장식과 리본을 연결한다.

7. 모피리본 아랫면에 똑딱핀을 붙여 완성한다.

style07 **특별한 날을 위한 스페셜스타일**

X-mas 브로치

모직 코트와 매칭하기

재료

- 빨간색 주름망사레이스 (길이 20cm) 1줄
- 도트무늬 원단리본 (폭 1cm) 30cm 1줄
- 초록색 골지리본 (폭 2.5cm) 30cm 1줄
- 겨자색 마무리리본 (길이 20cm) 1줄
- 초록색 마무리리본 (길이 20cm) 1줄
- 진주체인 (길이 12~15cm) 1줄
- 나뭇잎장식 1개
- 아크릴 나무장식 1개
- 옷핀 브로치 1개
- 펠트 (가로 10*세로 5cm) 1장

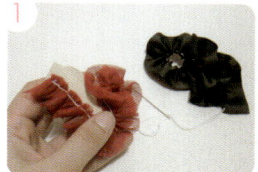

1 빨간색 주름망사레이스를 나무장식테두리에 놓고 글루로 고정한다.

2 초록색 골지리본의 한 라인을 홈질해 주름을 잡고 1의 장식 둘레를 다시 한 번 감싸 글루로 붙인다.

3 남은 망사레이스는 주름을 잡아 사진처럼 모양을 만들고 그 위에 나뭇잎과 도트무늬 나비보우를 올려 글루로 붙인다.

4 3의 장식을 달 브로치부분에 지름 2cm의 펠트를 붙인 뒤 두 가지 색 마무리리본과 진주체인을 꼬아서 글루로 고정한다.

5 직사각형으로 자른 펠트에 진주체인과 마무리리본을 붙인 뒤 3의 나무장식 뒤에 붙인다.

6 장식이 떨어지지 않게 브로치에 글루를 충분히 발라 고정한다.

7 나무장식 앞면에 도트무늬 나비보우를 붙여 브로치를 완성한다.

선물을 더 기대하게 하는
포장

for you01 **어렵지 않고, 심플해서 좋아요 네추럴포장**

리본포장의 기본 01 싱글나비보우포장

재료
- 상자 1장
- 갈색 무광포장지 1장
- 베이지색 스티치 골지리본 (폭 2.5cm) 1마
- 갈색 스티치 골지리본 (폭 1.5cm) 1마
- 사과 나무단추 2개

1 무광포장지로 상자를 포장한 뒤 베이지색 골지리본을 일자로 감싸 1번 묶는다.

2 아래쪽 리본을 겹쳐 접어 싱글보우를 만든다.

3 윗쪽 리본으로 싱글보우를 돌려 감아 묶는다.

4 싱글보우와 리본 꼬리의 모양을 사진처럼 정리한다.

5 갈색 골지리본도 상자를 감싼 뒤 같은 방법으로 싱글보우를 만든다.

6 사과 나무단추로 장식해 마무리한다.

for you01 **어렵지 않고, 심플해서 좋아요 네추럴포장**

리본포장의 기본 02 — 나비보우포장

재료
- 상자 1개
- 크라프트지 1장
- 갈색 스티치 골지리본 (폭 1.5cm) 1½마
- 어린왕자 스템프세트 1개

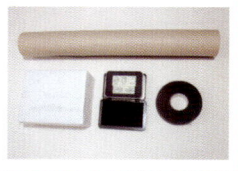

1
스템프를 이용해 크라프트지에 도장을 찍는다.

2
1의 종이로 상자를 포장한다.

3
스티치 골지리본을 이용해 원하는 위치에서 상자를 감는다.

4
한쪽 리본을 겹쳐 접어 보우를 만든다.

5
다른 쪽 리본으로 4의 보우를 감으면서 생기는 고리 안에 리본을 끼워 절반만 빼 보우를 만든다.

6
나비보우의 모양을 잡아 마무리한다.

tip 가장 기본이며 자주 사용하는 리본매기로 흔히 사용하는 리본묶는 법과 같다.

for you01 어렵지 않고, 심플해서 좋아요 네추럴포장

리본포장의 기본 03

트리플보우포장

재료

- 상자 1개
- 크라프트지 1장
- 마끈 3마
- 금색 분진아트지 1/3장
- 펀치

1. 아트지를 폭 10cm, 길이는 상자 둘레만큼 잘라서 준비한다.

2. 아트지 양쪽을 1.5cm씩 안으로 접은 뒤 접은 면 중심에 3cm 간격으로 점을 찍는다.

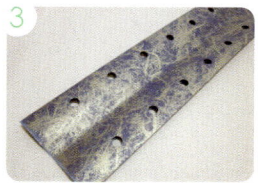

3. 표시한 자리를 모두 펀치로 구멍을 뚫는다.

4. 2마의 마끈 중심에 테이프를 감은 뒤 가위로 잘라 2줄을 만든다.

5. 아트지를 포장된 상자의 올리고 원하는 위치에서 끝부분을 고정한다.

6. 테이프 감은 마끈을 아트지 구멍에 끼운다.

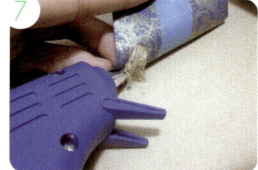

7. 끈을 약 1cm만 남기고 쭉 뺀 뒤 남은 끝은 글루로 고정한다.

8. 'X'자로 교차시키며 끈을 맨다.

9. 마지막 구멍은 남기고, 남은 1마의 끈을 사진처럼 상자에 한쪽만 고정한 채로 1번 감싸 붙인다.

10. 아트지를 안으로 접은 뒤, 다시 접어 마지막 구멍에 끈을 끼우고 글루로 고정한다.

11. 앞으로 나온 마끈을 1번 묶는다.

12. 마끈 한쪽을 '∞'자로 접어 나비보우를 만든다.

13. 다른 한쪽으로 나비보우 허리를 돌려 고리를 만든다.

14. 뒤집어서 리본을 고리에 통과시키면서 조금만 잡아 빼 싱글보우를 하나 더 만든다.

15. 트리블보우를 알맞은 크기로 조절해 완성한다.

for you01 **어렵지 않고, 심플해서 좋아요 네추럴포장**

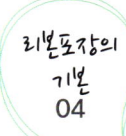

더블나비보우 포장

리본포장의 기본 04

재료
- 상자 1개
- 영자 포장지 1장
- 체크 면리본(폭 1.5cm) 1마
- 스티치 골지리본 (폭 1.5cm) 1마

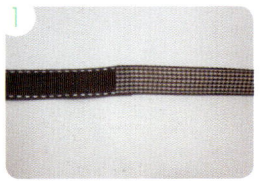

1. 면리본과 골지리본을 길게 이어붙인다.

2. 1의 리본으로 상자 가운데를 감싸고 뒤집어서 1번 꼬아 다시 앞으로 가져온다.

3. 리본이 크로스로 교차하는 부분에서 1번 묶어 움직이지 않게 꼭 누른다.

4. 체크무늬 리본을 '∞'로 1번 접고, 이어서 싱글보우를 접는다.

5. 스티치 리본으로 4의 트리플보우를 감아 뒤로 넘긴다.

6. 뒤로 넘긴 리본을 리본 사이로 접어 빼 더블나비보우를 만들고, 양쪽 보우는 알맞은 크기로 형태를 잡는다.

7. 리본 꼬리를 회오리처럼 돌려서 중간중간 글루로 고정하고 끝을 사선으로 잘라 완성한다.

for you01 **어렵지 않고, 심플해서 좋아요 네추럴포장**

책 포장

빈티지한 느낌이 좋아!

재료

- 책 1권
- 크라프트지 1장
- 진갈색 스웨이드리본 1마
- 별모양 도일리페이퍼 1장
- 린넨 라벨 1장
- 낙엽 스탬프 1개
- 다양한 색의 스탬프잉크

1
스탬프에 밝은 색 잉크를 먼저 찍고, 어두운 색을 살짝 찍어서 색을 섞는다. 이면지에 먼저 찍어 색감을 확인한다.

2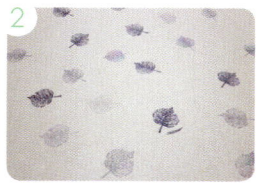
원하는 컬러가 나오면 미리 잘라 놓은 종이에 자유롭게 찍는다.

3
2의 종이를 펼친 뒤 책을 올리고 각 꼭지점에서 3.5~4.5cm 정도 간격을 두고 마름모꼴로 자른다. 아랫부분의 종이를 접어 올린다.

4
좌우 모서리에 맞게 각을 잡고 양쪽 포장지를 모아 접는다.

5
위쪽 종이를 접어서 책을 완전히 덮고, 도일리페이퍼를 원하는 위치에 고정한 뒤 양면테이프로 마무리한다.

6
스웨이드리본으로 5를 사진처럼 교차시켜 움직이지 않게 단단하게 묶는다.

7
펀치를 이용해 라벨에 구멍을 뚫는다.

8
구멍 사이로 리본 2줄을 모두 넣고 나비보우로 묶어 완성한다.

for you01 **어렵지 않고, 심플해서 좋아요 네추럴포장**

우연의 효과로 자연스럽게~ 종이찢기포장

재료
- 상자 1개
- 갈색 무광포장지 1장
- 지끈 2마
- 녹색 마무리리본 1마
- 도트무늬 포장지 자투리 1장
- 하트무늬 플라스틱판 1개
- 나무구슬 4~6개
- 도트무늬 원단 약간
- 펠트 약간

1 포장하고 남은 포장지를 손으로 찢어서 포장한 상자에 고르게 붙인다.

2 플라스틱장식을 천으로 감싸고 뒷면에 리본을 넣은 뒤 펠트를 붙인다.

3 2의 리본 끝에 구슬 2~3개를 끼우고 구슬이 빠지지 않게 여러 번 매듭짓는다.

4 지끈에도 구슬을 끼우고 한쪽만 매듭짓는다.

5 지끈의 매듭진 부분을 잡고 다른 쪽 지끈으로 상자를 1번 감아올린다.

6 짧은 끈을 기준으로 다시 1번 돌리고 상자를 또 감아서 매듭짓는다.

7 마지막으로 1번 더 상자를 감싸고 묶는다. 한쪽에 구슬을 꿰어 빠지지 않게 매듭짓는다.

8 지끈을 이용해 나비보우를 만든다.

9 장식이 달린 리본을 이용해 지끈과 같은 방향으로 상자를 감은 뒤 원하는 위치에서 매듭지어 마무리한다.

for you01 **어렵지 않고, 심플해서 좋아요 네추럴포장**

컨트리 포장

동화 속 이야기가 담긴

재료
- 직사각형 상자 1개
- 빨간색 양면아트지 1장
- 숲속무늬 광목리본 (폭 4cm) 1마
- 싸개단추(지름 1.5cm) 1쌍
- 우비소녀 나무장식 2개
- 빨간색 가죽줄 1마

1 싸개단추는 광목리본으로 싸놓고, 8cm로 리본 5장을 자른 뒤 반으로 접어서 벌어지지 않게 홈질한다.

2 이어서 리본 5장 모두 홈질을 한 뒤 실을 잡아당겨 꽃잎을 만들고 1의 싸개단추를 중심에 붙인다.

3 아트지로 포장한 상자에 리본을 길게 둘러서 고정한다.

4 리본의 이음매에 2의 꽃장식을 붙이고, 가죽줄에 나무장식을 끼워서 빠지지 않게 매듭짓는다.

5 가죽줄을 약 20cm 길이로 자르고 꽃장식을 기둥삼아 돌린 뒤 줄을 고정한다.

6 사진처럼 가죽줄을 토끼귀 모양으로 리본을 잡아서 매듭짓는다.

7 다른 쪽 가죽줄에도 나무장식을 넣고 매듭해 마무리한다.

tip 과정 2의 장식은 브로치나 핀에 달아 아이용 액세서리로 재활용이 가능하다.

for you01 **어렵지 않고, 심플해서 좋아요 네추럴포장**

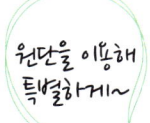

주름레이스 포장
원단을 이용해 특별하게~

재료
- 상자(소) 1개
- 고양이무늬 원단 ¼마
- 갈색 골지리본 (폭 2.5cm) 1마
- 가죽줄 ½마
- 나무단추(지름 2cm) 2개

1 상자를 원단 위에 놓고 상자의 둘레보다 5cm 더 길게 자른다. 주름레이스를 올릴 곳에 양면테이프를 붙인다.

2 양면테이프를 붙인 곳에 원단을 덮어 고정하고, 그 위에 갈색 골지리본을 대고 상자 길이의 2배로 재단해 2줄을 준비한다.

3 2줄 모두 한쪽 모서리만 홈질해 상자 길이만큼 주름을 잡고 실을 자른다. 이렇게 만든 주름레이스 1줄을 원단라인에 맞춰 붙인다.

4 고정하지 않은 원단의 끝을 약 1~1.5cm 폭으로 말아 접고 풀리지 않게 위아래를 고정한다.

5 상자의 옆면을 사진처럼 글루로 고정한다.

6 남은 주름레이스 1줄을 맞은편에 대바늘을 이용해 끼우고 글루로 고정한다.

7 나무단추 구멍에 가죽줄을 끼워서 나비보우를 만든다.

8 7의 단추를 상자에 붙여 완성한다.

tip 자투리 천을 이용해 작은 상자를 포장할 때 유용한 방법이다.

for you01 **어렵지 않고, 심플해서 좋아요 네추럴포장**

포장지는 필요 없어요! # 스카프포장

재료
- 상자(소) 1개
- 스카프 1장
- 나무고리장식 (지름 4~5개) 1개

tip
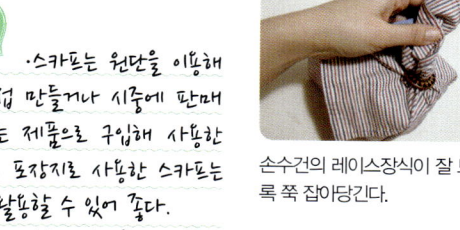
- 스카프는 원단을 이용해 직접 만들거나 시중에 판매하는 제품으로 구입해 사용한다. 포장지로 사용한 스카프는 재활용할 수 있어 좋다.
- 정사각형 상자를 포장하기에 알맞는 방법이다.

1 레이스장식이 위로 오도록 스카프를 펼치고 상자를 올린 뒤 사진처럼 감싼다.

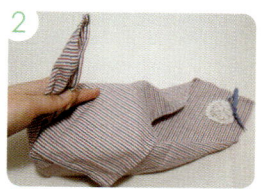

2 양옆의 모서리를 접어서 모아 올리고 끝을 세운다.

3 고리장식에 양끝의 스카프를 끼워 넣는다.

4 손수건의 레이스장식이 잘 보이도록 쭉 잡아당긴다.

5 고리로 나온 스카프를 자연스럽게 모양을 잡고, 레이스장식이 잘 보이도록 한쪽을 펴서 마무리한다.

for you01 어렵지 않고, 심플해서 좋아요 네추럴포장

피크닉보자기를 이용한 와인포장

재료
- 와인 1병
- 피크닉보자기 (사방 60cm) 1장
- 마무리리본 ½마
- 고무줄 1개

1
보자기 가운데 와인을 사선으로 놓고 삼각형모양이 되게 양쪽을 접는다.

2
보자기의 아래쪽을 병 앞으로 오도록 살짝 올려 주름을 잡는다.

3
풀어지지 않게 고무줄로 단단하게 묶는다.

4
보자기의 뒷면이 보이도록 주름잡아 묶은 부분을 편다.

5
매듭진 보자기의 아랫부분을 잡아 당긴 뒤 사진처럼 손가락으로 주름을 잡아 가운데에 찔러 넣는다.

6
병뚜껑 부분의 보자기를 일직선이 되도록 가지런히 모은다.

7
7의 부분을 1번 돌려서 매듭짓고 안쪽 면이 보이도록 편다.

8
고무줄로 묶은 부분에 마무리리본을 끼워서 나비보우를 만들어 완성한다.

tip 와인병 크기에 따라 보자기의 크기도 다르게 재단해 포장한다.

for you 02 **감사한 마음을 담은 답례품포장**

기저귀케이크

아기 엄마들에게 인기 최고!

재료

- 기저귀 40~50개 정도
- 분홍색 포장지 1장
- 진분홍색 공단리본(2.5cm) 7마
- 연핑크색 공단리본(4cm) 16마
- 회분홍색 공단리본(5cm) 5마
- 분홍색 사선주름 공단리본(40cm) 2마
- 숫자 양초 1개
- 받침대용 상자 1개
- 나뭇잎장식 30개 정도
- 도일리페이퍼 8~10장
- 노란색 고무줄 2개
- 미니 고무줄 10개 정도
- 접착식 비닐팩 30장 정도

기저귀포장

1 비닐팩에 기저귀를 넣고 공기가 최대한 들어가지 않게 돌돌 만다. 남은 공기도 빼고 비닐팩을 밀봉한다.

2 포장한 기저귀 6개를 모아 미니 고무줄로 움직이지 않게 고정해 케이크 1단을 만든다.

3 포장하지 않고 말아서 고무줄로 고정한 기저귀 6개를 가운데 두고 테두리에 비닐팩으로 포장한 기저귀를 감싸고 고무줄로 고정한다.

4 받침대로 사용할 상자를 분홍색 포장지로 사각포장한 뒤 도일리페이퍼를 깔아 붙인다.

5 케이크 2단 위에 도일리페이퍼 3장, 1단에는 1장을 올린다. 회분홍색 공단리본과 사선주름 공단리본을 겹쳐서 기저귀를 감싸 고정한다.

코만도스 장미 만들기

6 진분홍색은 7cm, 연분홍색은 10cm, 회분홍색은 12cm로 잘라서 15장씩 준비한다.

7 진분홍색 공단리본을 반을 접어 중심을 표시하고, 사진처럼 삼각형으로 한 번 접는다.

8 이어서 바깥쪽 꼭지 부분을 중심에 맞춰 사진처럼 접는다.

9 나머지 한쪽도 같은 방법으로 접고 시침핀으로 고정한다.

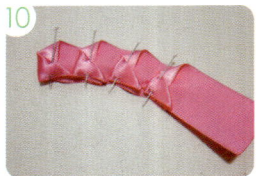

10 같은 방법으로 접은 진분홍색 공단리본을 중심에 맞춰서 14개를 연결한다.

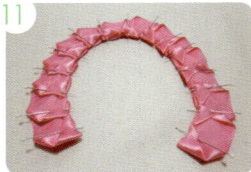

11 이렇게 연결하면 ∪자형이 된다.

12 11의 리본 안쪽을 홈질한다.

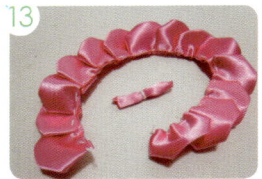

13 홈질이 끝나면 진분홍색 공단리본 1장을 말아서 꽃심을 만든다.

14 꽃심을 13의 리본에 글루로 고정한 다음 일정하게 돌돌 말아 장미꽃을 만든다.

15 장미꽃을 뒤집어 남아 있는 꽃심을 잘라서 정리한다.

16 같은 방법으로 리본을 재단하고 꿰매 진분홍색 5개, 회분홍색 2개, 연분홍색 10개의 장미꽃을 만든다.

17 기저귀케이크 위에 장미꽃으로 장식할 위치를 결정한다.

18 나뭇잎장식을 이용해 장미꽃을 더욱 화려하게 꾸민다.

19 꾸며진 장미를 고정할 위치에 정확히 붙인다.

20 케이크 상단에 올릴 장미를 나뭇잎으로 꾸민 뒤 4개를 모아 붙이고, 그 위에 장미꽃을 하나 더 올린다.

21 초를 장미꽃다발 가운데에 꽂은 다음 케이크 위에 고정해 완성한다.

for you 02 **감사한 마음을 담은 답례품포장**

포장꽃이 활짝 피었습니다! 볼펜&타월포장

재료
- 행주 또는 핸드타월 1장
- 볼펜 1개
- 연갈색 공단리본 (폭 2.5cm) 1½마
- 체크무늬 면리본 (폭 1.5cm) 1마
- 스티치 마무리리본 1마
- 금실레이스 (폭 4cm) 40cm 1장
- 반쪽진주(지름 1.5cm) 2개
- 미니 장미 2~3개
- 원형 레이스 1장
- 구슬줄 1마

1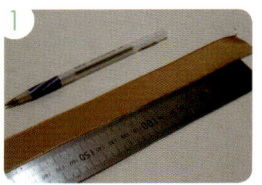
공단리본 한쪽 끝에서 1.5cm 지점부터 2.5cm 간격으로 20개의 점을 찍고 1.5cm 남긴 후 리본을 자른다. 이때 점은 꼭 짝수로만 표시를 해야 한다.

2
리본의 양끝에서 0.5cm 간격의 시접을 포개어 붙인다. 리본에 표시된 점의 간격이 모두 일정하게 2.5cm가 된다.

3
점을 찍은 자리를 사진처럼 0.1cm씩 살짝 떠서 연결한다.

4
전체를 연결한 뒤 실을 잡아당겨 매듭지으면 가운데 구멍이 생긴다.

5
리본을 뒤집어 볼록하게 나온 부분을 0.1cm씩 살짝 뜬다.

6
10개를 모두 떠서 시작점과 연결해 잡아당겨 매듭짓는다.

7
같은 방법으로 하나 더 만들고 예쁜 꽃 모양된 리본 가운데에 진주를 붙인다.

8
마무리리본으로 볼펜을 꼼꼼하게 감싼다.

9
레이스의 모서리 한쪽만 홈질해 실을 당겨 꽃모양을 만든다.

9의 레이스 위에 7의 리본을 올려 고정한다.

볼펜 끝부분에 만든 장식꽃 2개를 앞뒤로 겹치게 붙인다.

미니장미로 장식한 더블나비보우를 꽃 아랫부분에 장식한다.

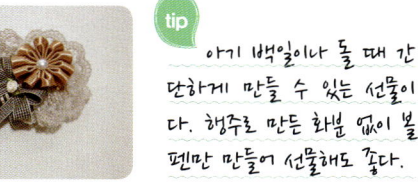

tip 아기 백일이나 돌 때 간단하게 만들 수 있는 선물이다. 행주로 만든 화분 없이 볼펜만 만들어 선물해도 좋다.

행주를 2cm 정도 2번 접은 다음 뒤집어서 3등분해 접는다. 이때 2cm 정도 2번 접은 부분이 맨 위로 올라오도록 한다.

양쪽으로 똑같은 양으로 돌돌 만다.

구슬줄을 접힌 골 사이에 끼워서 전체를 여러 번 감고, 남은 줄도 골 사이에 끼워 단단하게 마무리한다.

원형 레이스를 행주가 접힌 부분에 끼워서 고정한다.

체크리본으로 나비보우로 묶어서 마무리 장식을 하고 꽃 볼펜을 끼워 완성한다.

for you 02 **감사한 마음을 담은 답례품포장**

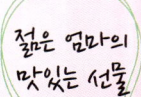
젊은 엄마의 맛있는 선물

약밥포장

재료

- 약밥 4개
- 보라색 스웨이드리본 3마
- 보라색 편지무늬 포장지(사방 30cm) 1장
- 두꺼운 종이 (사방 30cm) 1장
- 도일리페이퍼 4장
- A4용지 1장
- 펀치, 접착스프레이

1 A4용지를 사선으로 접어 정사각형이 되면 여분은 잘라낸다.

2 펼쳐서 반으로 접고 다시 반으로 접는다.

3 삼각형이 되도록 다시 사선으로 반을 접는다.

4 바깥쪽 모서리에서 4cm 안으로 들어가 직각으로 자른다.

5 자른 끝점에서 일직선으로 점선을 그린 뒤 원하는 모양으로 그림을 그린다.

6 여백에 그린 모양대로 가위로 잘라 패턴을 만든다.

7 접착스프레이를 뿌린 두꺼운 종이를 포장지 뒷면에 붙인다.

8 6의 패턴을 7의 포장지에 올려 그대로 밑그림을 그린 뒤 자른다.

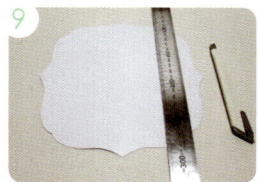

9 뒤집어서 둥글게 들어간 홈을 자로 연결하고 칼등을 이용하여 살짝 눌러서 긋는다.

10 칼등이 지나간 4면 모두 안쪽으로 접는다.

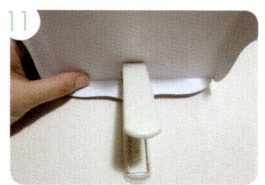

11 펀치를 이용해 4면의 접힌 부분 중심에 구멍을 낸다.

12 스웨이드리본 1마를 반으로 접어 자른 뒤 2개의 리본을 구멍에 '+'자로 넣는다.

13 모든 구멍의 리본을 나비보우로 묶어서 빠지지 않게 한다.

14 도일리페이퍼로 약밥을 감싸고 상자에 넣는다.

15 스웨이드 ½마를 가운데에 걸어 나비보우로 만들고, 길게 늘어진 리본을 잘라 깔끔하게 마무리한다.

> **tip** 약밥 대신 머핀, 쿠키, 빵을 담아도 좋다. 포장사진에 담긴 것은 '자항고구마약밥'으로 레시피가 궁금한 사람은 www.ribbonstar.com에서 확인할 수 있다.

for you 02 **감사한 마음을 담은 답례품포장**

밋밋한 백설기는 가라~ 떡 포장

재료
- 모시조각(사방 6cm) 1장
- 분홍색 무광 마무리리본 ½마
- 노란색 무광 마무리리본 ½마
- 자수 와펜 1개
- 백설기 1개

1. 모시조각 테두리의 실을 뽑아서 가닥가닥 실이 보이게 처리한다.

2. 마무리리본을 십자가 모양으로 놓고 그 중심에 와펜을 올려 붙인다.

3. 모시조각 위에 2의 장식을 붙인다.

4. 백설기에 3의 장식을 감아 마무리한다.

tip 백설기를 비롯해 무지개떡이나 오색국수도 이 방법으로 포장해도 좋다. 떡 돌릴 일이 생길 때 간단하게 포장하는 센스를 발휘해보자.

for you 02 감사한 마음을 담은 답례품포장

꽃보다
아름다운 **화동**부케

재료

- 스치로폼 공(지름 8 또는 10cm) 1개
- 펠트(사방 20cm) 1장
- 반쪽진주 30개

장식용 꽃 리본
- 백색 공단리본(폭 2.5cm) 3마
- 연아이보리색 공단리본(폭 2.5cm) 3마
- 아이보리색 공단리본(폭 2.5cm) 3마
- 연베이지색 공단리본(폭 2.5cm) 3마
- 베이지색 공단리본(폭 2.5cm) 3마

나비보우용 리본
- 아이보리색 공단리본 (폭 4cm) 1마
- 진베이지색 공단리본 (폭 2.5cm) 1½마

1. 장식용 꽃 리본 3마 모두 20cm씩 표시를 하고 자른다. 리본 30마로 꽃 4개를 만들 수 있으며, 부케를 만들 때 20개 정도 꽃이 필요하다.

2. 20cm 리본을 반으로 접은 다음 중심에 맞춰 리본 끝이 'V'자가 되도록 접는다.

3. 리본이 겹쳐진 부분을 안쪽으로 접는다.

4. 접은 선을 따라 홈질을 한 다음 실을 당긴 채로 매듭을 짓는다.

5. 잘라둔 리본을 같은 방법으로 모양을 잡고, 이 리본 3장을 모아 연결해 꽃잎을 만든다.

6. 5의 꽃잎 가운데에 진주를 붙여 꽃을 만든다.

7. 스티로폼 공 전체를 글루를 펴 바르면서 펠트로 감싼다. 스티로폼은 고열에 약하기 때문에 반드시 펠트로 감싸야 한다.

8. 꽃 뒷면에 글루를 듬뿍 바르고 공의 중심을 지나가는 펠트 위에 꽃을 고정한다. 다양한 색의 꽃을 조화롭게 붙인다.

9. 꽃을 만들고 남은 리본 2개를 겹쳐서 동글게 모양을 잡아 스티로폼에 붙여 손잡이를 만든다.

10. 리본을 겹쳐 붙인 이음매에 꽃을 올려 장식한다.

11. 손잡이 중심을 주변으로 남은 꽃을 붙인다. 리본 2장을 자연스럽게 겹쳐서 '∞'자 모양으로 접는다.

12. '∞'자로 겹쳐진 리본의 중심을 홈질한 채로 실을 당겨 잘록하게 만든다.

13. 12의 리본을 사진처럼 접어서 부케 밑에 단단하게 고정한다.

14. 자연스럽게 내려뜨린 리본꼬리의 끝을 사선으로 잘라서 마무리한다.

for you03 **고풍스러운 느낌이 가득한 전통포장**

귀한 선물을 전해요! 궁중포장

재료
- 상자 1개
- 매화무늬 금색 펄아트지 1장
- 매화무늬 빨간색 양단리본 (폭 3cm) 1마
- 매화무늬 초록색 양단리본 (폭 4cm) 1마
- 연노란색 고밀도 공단리본 (폭 2.5cm) 1마
- 매화무늬 노란색 양단리본 (폭 4cm) 10cm 1줄
- 사각형 자수와펜 2개

1

펄아트지로 상자를 포장을 한 다음 상자의 1/4 지점에 초록색 양단 리본을 세로로 감싼다.

2

나란히 빨간색 양단리본을 감싼다.

3

사진처럼 미리 감아놓은 리본과 교차되도록 연노란색 공단리본을 감싼다.

4

10cm로 자른 초록색, 노란색 양단 리본 중심에 자수와펜을 놓고 접을 선을 표시한다.

5

약 0.5cm의 시접을 양쪽으로 접고 그 위에 자수와펜을 고정한다.

6

빨간색 리본은 12cm, 초록색 리본은 14cm로 자른 뒤 댕기 느낌이 나도록 뾰족하게 접고, 두 리본을 포갠 뒤 와펜을 붙인다.

7

포장한 상자에 만들어 놓은 와펜 장식을 붙여 완성한다.

tip 펄아트지는 한복 양단 느낌이 나는 종이로, 원단으로 포장하기 어려운 초보자가 이용하면 좋다. 펄아트지에 광택 고밀도 공단리본으로 장식하면 잘 어울린다.

for you03 **고풍스러운 느낌이 가득한 전통포장**

한복을 입은 선물 저고리포장

재료
- 빨간색, 남색 금박무늬 한지 각각 1장
- 빨간색 양단리본 (폭 2.5cm) 1마
- 하얀색 16절지(또는 한지) 1장
- 세줄 노리개 1개
- 상자 1개

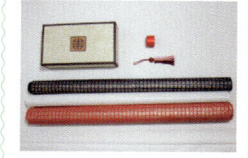

1
종이를 가로는 (상자의 가로*3+높이)*2)-4cm, 세로는 상자의 세로*2+높이*2cm로 잘라서 준비한다.

2
사진처럼 포장지로 상자의 중심을 덮고 양쪽 측면을 각에 맞춰 접어 넣어 사다리꼴로 잡는다.

3
윗면을 덮고 있는 양쪽 포장지를 사진처럼 가운데로 모아 접는다.

4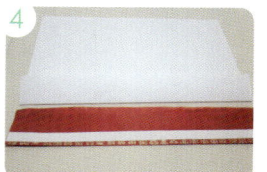
빨간색 한지를 폭 6cm로 길게 자르고 1cm 정도를 안쪽으로 접어 양면테이프로 붙인다.

5
하얀색 종이도 폭 6cm로 길게 자른 뒤 사진처럼 1cm의 간격을 두어 붙인다.

6
3의 상자에 0.2mm 정도 간격을 두고 5의 동정을 단다. 접힌 부분의 각을 맞춰 자연스럽게 보이도록 한다.

7
6과 같은 방법으로 양쪽 각을 맞추고 안으로 접어 고정한다.

8
사진처럼 중심에 맞게 바깥으로 접어서 표시한다.

9
선에 맞춰 안으로 접고 양면테이프를 붙여 고정한다.

10
상자 아랫부분은 기본상자포장법으로 깔끔하게 마무리한다.

11
빨간색 한지를 폭 7cm, 길이는 상자둘레+2cm로 자르고 위아래를 시접 1cm로 접는다.

12
상자의 가운데를 11의 한지로 한 번 두르고, 노리개를 올려 다시 양단리본으로 덮어 고정한다.

13
양단리본으로 옷고름을 만들어 붙여 완성한다.

tip 한지는 음식을 포장할 때 특히 유용하다. 음식을 하나씩 낱개 포장하면 통풍이 뛰어나 음식이 상하는 것을 방지할 수 있다.

for you03 **고풍스러운 느낌이 가득한 전통포장**

팔각함을 부드럽게 감싸는 보자기포장

재료
- 팔각함 1개
- 양면보자기 1장
- 매듭 노리개 1개
- 고무줄 1개

1
보자기를 마름모꼴로 펼친 뒤 팔각함을 중심에 놓고 위아랫쪽을 안쪽으로 접는다.

2
위아랫쪽의 보자기로 함을 감싸도록 위로 올려서 일직선이 되게 잡는다.

3
일직선이 된 보자기를 왼쪽부터 주름을 잡아 꽃잎모양을 만든다.

4
오른쪽도 주름을 잡은 뒤 고무줄로 단단히 고정하고 매듭 노리개를 끼운다.

5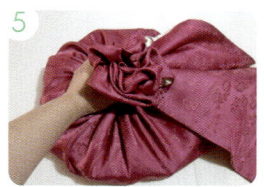
양쪽 남은 보자기는 한 쪽씩 뒤로 감싸서 돌린다.

6
매듭 노리개가 위치한 곳에서 매듭을 묶는다.

7
주름을 손으로 예쁘게 정리해 포장을 마무리한다.

tip 떡, 절편, 다식 등의 전통음식이 담긴 오각함, 원통, 대바구니 상자를 포장할 때 편한 방법이다.

for you03 **고풍스러운 느낌이 가득한 전통포장**

포장에도 예를 갖추다 예단포장

재료
- 예단함 1개
- 청홍 양단보자기 1장
- 청홍 노리개 1쌍
- 청홍 수술 1쌍
- 고무줄 1개

tip 예단 외에도 칠순, 팔순 등의 행사 때 어울리는 보자기 색으로 포장하면 어렵지 않게 고급스러운 선물포장을 할 수 있다.

1 수술의 실을 1줄 뽑아서 바늘에 끼우고, 수술을 보자기의 양 끝단에 각각 매단다.

2 실을 여러번 매듭짓고 끝을 잘라 깔끔하게 마무리한다.

3 보자기의 수술이 일직선이 되도록 놓고 중앙에 상자를 올린다.

4 상자를 위쪽의 보자기로 먼저 덮는다.

5 아래쪽의 보자기를 덮고, 붉은 면이 보이도록 다시 바깥으로 접어 삼각형을 만든다.

6 양쪽 면은 포장지로 상자를 접듯 각을 잡아 접는다.

7 수술이 달린 보자기 끝을 가운데로 모아 잡고 고무줄로 여러 번 돌려서 고정한다.

8 고무줄로 묶은 부분에 노리개를 건다.

9 붉은 면이 보이도록 보자기를 펴서 정리한다.

for you03 **고풍스러운 느낌이 가득한 전통포장**

오리엔탈포장

전통의 미를 그대로 살린

재료

- 상자 1개
- 매화무늬 금박아트지 1장
- 매화무늬 펄아트지 ½장
- 전통문양 니켈장식 1개
- 금색 반쪽진주 (지름 1.5cm) 1개
- 금색 반쪽진주 (지름 1cm) 3~5개

1
금박아트지로 상자를 포장한다. 펄아트지를 폭 12cm로 길게 자르고 양쪽을 각각 1cm씩 안으로 접은 다음 상자 중간을 두른다.

2
펄아트지를 폭 10cm로 길게 잘라서 양쪽을 2.5cm씩 접어 띠를 만든다.

3
1.5cm 남기고 딱지 접는 방법으로 1번 접는다.

4
사진처럼 아래에서 위로 접은 다음 뒤쪽으로 넘겨 접는다.

5
이어서 위에서 아래로 접어 2개의 삼각형이 되도록 접는다.

6
종이가 길게 남은 부분을 1.5cm 남기고 자른다.

7
1.5cm 시접을 모서리에 맞춰 접어서 종이 사이에 끼운다.

8
니켈장식에 금색 반쪽진주를 고정해서 장식한다.

9
종이 사이에 장식한 8의 장식을 넣어서 고정한다.

10
상자 중심에 붙여서 마무리한다.

for you04 **아이들과 함께 하면 더욱 좋아요 큐티포장**

깜찍한 포장지 하나면 완성!

도트포장

재료
- 상자 1개
- 도트무늬 포장지 ½장
- 반짝이 망사리본 (폭 8cm) 2마
- 검은색 스웨이드리본 1마

1
도트무늬의 포장지로 상자를 포장하고, 망사리본으로 상자를 둘러 길이를 결정한다.

2
같은 길이로 잘라 2줄의 리본을 준비한다.

3
상자 가운데서 리본을 맞잡고 주름을 만든 뒤 윗부분을 약 6~7cm 가량 남기고 자른다.

4
스웨이드리본으로 단단히 매듭지은 뒤 나비보우를 만든다.

5
남은 포장지의 도트를 오려 반으로 접어 V자로 가위집을 넣는다.

6
스웨이드에 사진처럼 끼운 뒤 글루로 고정해 완성한다.

tip 포장을 처음하는 아이들이 참 좋아하는 포장으로 아이들과 함께 문구점에서 쉽게 구할 수 있는 포장지로 간단히 할 수 있다. 반짝이 외에도 다른 망사리본을 사용해도 좋다.

for you04 **아이들과 함께 하면 더욱 좋아요 큐티포장**

아이들에게 인기만점 강아지포장

재료
- 강아지무늬 양면포장지 1장
- 갈색 공단리본(폭 1cm) 1마
- 갈색 골지리본(폭 1cm) 1마
- 두꺼운 종이 (가로 10*세로 20cm)1장
- 뼈다귀 패턴 1장
- 접착스프레이
- 펀치

tip 뼈다귀모양의 손잡이로 인해 활용도가 높고, 기발한 모양에 아이들이 재미있어 한다. 아이들 외에도 강아지를 키우는 사람들에게 인기있는 포장법이다.

1 포장지로 상자를 포장하고, 패턴보다 크게 포장지 2장과 두꺼운 종이를 같은 크기로 자른다. 두꺼운 종이 한쪽에 접착제를 뿌린다.

2 접착제를 뿌린 부분에 포장지의 단색부분이 보이게 붙인다.

3 한쪽에도 접착제를 뿌린 뒤 포장지의 무늬부분이 보이게 붙인다. 이때 종이가 겹치게 붙인다.

4 뼈다귀 패턴을 3의 종이 위에 올리고, 밑그림을 그린 뒤 그대로 자른다.

5 리본을 넣기 위해 4의 양쪽에 대각선으로 펀치를 이용해 구멍을 뚫는다.

6 구멍에 2개의 리본을 넣어서 나비보우로 묶어 빠지지 않게 한다.

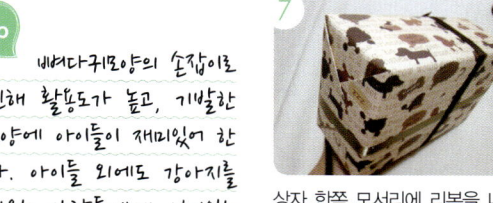

7 상자 한쪽 모서리에 리본을 내리고 뒷면에서 '+'자로 교차되도록 한다.

8 뒷면을 지난 리본을 한쪽 모서리로 올려 뼈다귀장식 반대쪽 구멍에 끼운다.

9 나비보우를 만들어 매듭을 짓고, 뼈다귀장식을 살짝 당겨 양쪽 나비보우를 더 단단하게 만든다. 뼈다귀모양의 손잡이가 완성.

for you04 **아이들과 함께 하면 더욱 좋아요 큐티포장**

별별포장

밤하늘의 커다란 별을 올린

재료
- 정사각형 상자
- 파란색 포장지 1장
- 목마무늬 골지리본 (폭 2.5cm) 3마
- 목마 니켈장식 1개

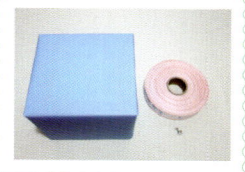

1

상자를 포장한 뒤 십자모양으로 상자를 두르고 리본을 고정한다.

2
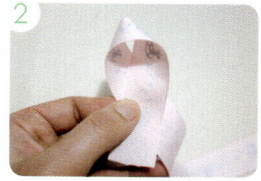
리본을 1번 꼬아서 꼬깔모양을 만든다.

3
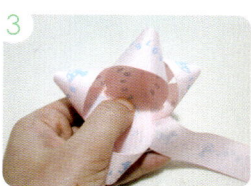
같은 방법으로 리본을 옆으로 1번 더 꼰 다음 이어서 2번 더 꼬아 모양을 만든다.

4

이어서 4번(총 6번)을 꼰 다음 리본이 겹쳐진 가운데 홈질해 고정해 별모양 보우를 완성한다.

5
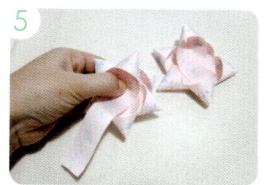
4의 안쪽에 넣을 별모양 보우를 만든다. 다시 리본을 짧게 잡아서 같은 방법으로 보우를 작게 만들고 꼬리를 약 7cm가량 남긴다.

6

남은 꼬리를 둥글게 말아서 넣고 안쪽에 여러 번 홈질해 보우가 풀리지 않게 한다.

7

4와 6의 별모양 보우를 겹친다.

8

처음 만든 별모양 보우보다 리본을 길게 잡아 더 크게 보우를 1개 더 만든다.

9

8의 보우에 7의 보우를 겹쳐 아주 커다란 별모양 보우를 완성한다.

10

상자 중앙에 9의 장식을 붙이고 목마 니켈장식을 원하는 위치에 붙여 마무리한다.

for you04 아이들과 함께 하면 더욱 좋아요 큐티포장

털방울 포장

리본 없이도 할 수 있어요~

재료
- 상자 1개
- 영문 포장지 1장
- 털실 1개
- 두꺼운 종이 1장

1
털실을 90cm씩 6가닥으로 잘라서 준비한다.

2
6가닥을 한꺼번에 한쪽만 매듭짓고 2가닥씩 잡아서 딴 뒤 끝을 한꺼번에 매듭짓는다.

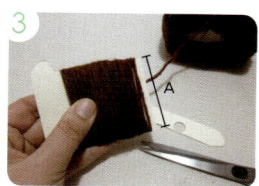

3
종이를 실패모양으로 자른 뒤 돌돌 감고, 남은 종이는 자른다. A부분이 길어질수록 방울이 커진다.

4
촘촘하게 감은 뒤 실을 자르고 가운데를 꽉 조여 묶는다.

5
사진처럼 실 사이로 가위를 넣어 양쪽 모두 자른다.

6
실을 둥글게 편다.

7
군데군데 삐져나온 실을 다듬어 둥글게 모양을 잡는다. 같은 방법으로 털방울을 1개 더 만든다.

8
방울 가운데의 묶은 실을 살짝 들어 따놓은 실과 연결한다.

9
털방울이 중앙에 오도록 실을 '+'로 교차시켜 상자를 두른다.

10
실이 풀리지 않게 안으로 방울을 다시 한 번 걸어 완성한다.

tip 과정 3을 여러 번 반복하면 더욱 풍성하게 방울을 만들 수 있다.

for you04 **아이들과 함께 하면 더욱 좋아요 큐티포장**

베이비포장
아기 머리띠를 이용한

재료
- 상자 1개
- 핑크색 이니셜 포장지 ½장
- 분홍색 무광 공단리본 (폭 2.5cm) 1마
- 연분홍색 무광 공단리본 (폭 2.5cm) 1마
- 분홍색 오건디리본 (폭 1cm) 1마
- 연분홍색 오건디리본 (폭 1cm) 1마
- 은색 반짝이 망사원단 (가로 10*세로 10cm) 1장
- 분홍색 망사원단 (가로 10*세로 10cm) 1장
- 분홍색 오건디리본 (폭 1cm) 1마
- 연분홍색 오건디리본 (폭 1cm) 1마
- 아기머리띠 1개
- 진주구슬(지름 1cm) 3개

보우 만들기

1 공단리본을 22cm로 각각 2줄씩 자른 후 최대한 직각이 되도록 '∞'자로 꼬아서 홈질한다.

2 리본 4장 모두 홈질한 뒤 실을 당겨 매듭을 짓고 2장씩 나란히 놓고 고정한다.

3 공단리본을 12cm로 각각 4줄씩 자르고 양끝을 V자로 모두 자른다.

4 리본을 교차로 사진처럼 놓고 중심을 홈질해 매듭짓고, 2의 장식을 올린다.

5 연분홍색 오건디리본으로 4의 리본허리를 감싸서 마무리한다.

6 2장의 망사리본을 겹치게 놓고 진주구슬을 감싸서 매듭짓는다.

7 3개의 진주를 리본장식 위에 올려서 고정한다.

8 아기머리띠의 매듭부분에 리본장식을 붙인다.

tip 아이들 백일, 돌 선물에 적합한 포장으로 장식한 아기 머리띠는 버리지 않고 사용할 수 있어 실용적이다.

포장하기

9
오건디리본 2줄을 겹친 뒤 한쪽 끝을 포장한 상자에 붙여 움직이지 않게 한다.

10
상자를 두른 뒤 리본이 겹치는 부분에 글루를 조금 발라 고정한다.

11
이어서 리본을 꼬아 '∞'자 형태를 잡고 풀리지 않게 글루로 고정한다.

12
같은 방법으로 3~4번 정도 리본을 꼰 다음 꼬리를 남기고 자른다. 꼬리 끝은 V로 모양을 낸다.

13
만들어 놓은 아기머리띠를 리본과 교차되도록 상자에 끼워 완성한다.

for you04 **아이들과 함께 하면 더욱 좋아요 큐티포장**

쇼핑백포장

똑같은 쇼핑백은 안녕~

재료
- 두꺼운 양면 포장지
- 린넨리본(폭 2.5cm) 1마
- 무광 양면 공단리본 (폭 1cm) ½마
- 마끈 ½마
- 실패 나무장식 1개
- 나무집게 1개
- 도일리페이퍼 2장

1

쇼핑백의 크기를 정하고(tip의 재단공식 참고), 직사각형으로 포장지를 재단한 다음 가로로 길게 펼치고 한쪽 모서리를 세로로 접어 끝시접을 만든다.

2
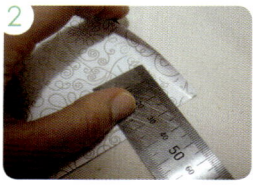
윗모서리를 3~5cm 간격의 시접으로 접는다. 윗시접은 쇼핑백이 작으면 3~4cm, 크면 5~6cm가 적당하다.

3

가로 시접과 세로 시접이 겹치는 부분을 자른다.

4

종이백의 옆면 두께에 맞춰 사진처럼 중간부분을 접는다.

5

1의 끝시접에 양면테이프를 붙이고 반대쪽 시접에 붙여 포장지를 연결한다.

6

위아래가 뚫린 형태가 된다.

7

옆면 두께의 반을 꾹 눌러 안으로 접는다.

8

쇼핑백을 사진처럼 납작하게 펼친다.

9

쇼핑백의 바닥이 될 부분을 (원하는 쇼핑백의 바닥넓이*½)+(밑면의 시접)으로 접는다.

10
접은 선을 기준으로 시접 부분에 양면테이프를 붙여 쇼핑백을 완성한다.

11
도일리페이퍼를 입구에 놓고 펀치로 손잡이를 만들 구멍을 뚫는다.

12
구멍에 린넨리본을 끼워서 빠지지 않게 매듭짓는다. 길이는 쇼핑백 크기에 맞춰 적절하게 조절한다.

13
실패에 마끈을 감아 집개에 붙여 장식한다.

14
공단리본으로 나비보우를 만든다.

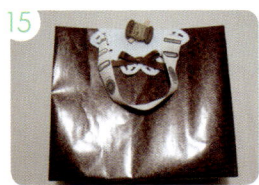

15
도일리페이퍼에 14를 붙이고 쇼핑백이 벌어지지 않게 13의 집개로 고정한다.

> **tip**
> • 쇼핑백을 만들기 위한 종이재단 공식
> 가로: (원하는 쇼핑백 폭*2)+(옆면 두께*2)+시접1~1.5cm
> 세로: (원하는 쇼핑백 높이)+3~5cm(손잡이의 시접)+(쇼핑백 바닥넓이)
> +밑면의 시접(바닥넓이보다 작은 수치)
> • 쇼핑백을 만들기 어렵다면 시중에 파는 것을 구입해 사용해도 좋다.

for you04 아이들과 함께 하면 더욱 좋아요 큐티포장

파스타포장

각 잡을 필요 없어요~

재료
- 곰돌이무늬 유산지 1장
- 파란색 양면공단마무리 리본 2마
- 곰돌이 나무장식 3개

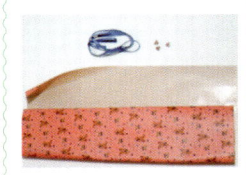

1
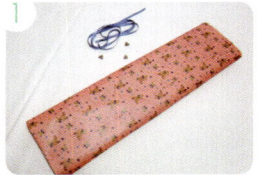
포장지에 물건을 놓고 1/3 지점에서 포장지가 겹쳐지게 접는다.

2

포장지가 겹쳐진 부분에 마무리본을 붙여 이음매를 가리고 위아래는 2cm 넓이가 되도록 2번 안으로 접는다.

3

아랫부분은 양면테이프를 이용해 깔끔하게 붙인다.

4

윗부분은 양옆에 20cm가량 남도록 접은 포장지 사이에 마무리본을 넣는다.

5

양옆의 리본을 1/3 지점에서 매듭짓고 나비보우로 묶는다.

6

나비보우 바로 밑에 곰돌이 나무장식을 붙인다.

7

이음매를 가린 마무리본 라인에도 2~3개 정도 나비보우와 곰돌이 나무장식을 붙여 완성한다.

tip 파스타처럼 비닐팩에 들어 있어 각이 없거나 길쭉한 제품을 포장할 때 유용하다.

 for you04 **아이들과 함께 하면 더욱 좋아요 큐티포장**

도일리 페이퍼로 장식하는 날개포장

재료
- 상자 1개
- 도일리페이퍼 4장
- 동물무늬 양면포장지 1장
- 보라색 무광 공단리본 (폭 2.5cm) 1마
- 접착스프레이, 펀치

1

포장지로 상자를 포장하고, 도일리페이퍼 가운데 원과 같은 크기로 포장지에 원을 그린 뒤 자른다.

2

1의 원에 접착제를 뿌려서 도일리페이퍼에 붙인다.

3

포장지가 안쪽으로 들어가도록 2의 페이퍼를 반으로 접는다.

4

포장지를 붙인 도일리페이퍼 4장을 모두 모아 한 번에 펀치를 이용해 구멍을 뚫는다.

5

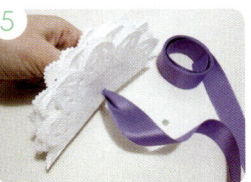

공단리본을 4의 구멍에 끼워 넣는다.

6

페이퍼가 상자의 중앙에 위치하도록 리본 양끝을 고정한 뒤 페이퍼를 한 장씩 펼친다.

7

6의 공단리본과 교차하도록 공단리본을 한 줄 더 끼워 완성한다.

for you04 **아이들과 함께 하면 더욱 좋아요 큐티포장**

종이를 접어서 특별하게 부채포장

재료
- 길고 납작한 상자 1개
- 스트라이프 포장지 1장
- 하늘색 골지리본 (폭 2.5cm) 1마
- 체크무늬 리본 (폭 1.5cm) 1마
- 단추(지름 0.8cm) 4개

1 상자를 포장한 뒤 상자의 총 둘레 길이로 잘라서 양쪽으로 맞대어 접는다. 이때 접은 포장지가 상자의 높이만큼 올라와야 한다.

2 상자 높이와 같은 넓이로 앞뒤로 접어 부채모양을 만든다.

3 골지리본으로 상자의 중심을 한 번 감싼다.

4 그 위에 양면테이프를 이용해 2의 부채를 붙인다.

5 체크무늬 리본으로 상자와 부채 모두를 감싸고 리본꼬리를 남긴 채로 고정한다.

6 단추로 장식하고 부채의 양끝을 모아 붙여 활짝 펴지게 한다.

7 남은 단추를 원하는 위치에 달아 장식해 완성한다.

tip 부채를 감싸는 리본의 폭이 좁을수록 부채모양이 더욱 예쁘다.

for you04 **아이들과 함께 하면 더욱 좋아요 큐티포장**

위트가 넘치는 삼각포장

재료
- 삼각형 상자 1개
- 펄 주름포장지 1장
- 회색 공단리본 (폭 2.5cm) ½마
- 검은색 펀칭리본 (폭 2cm) ½마
- 하트무늬 골지리본 (폭 1.5cm) ½마
- 청녹색 마무리리본 ½마
- 스티커 또는 무빙아이 2개
- 미니장미 1개

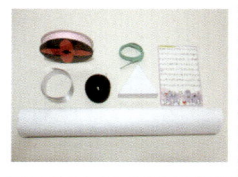

tip 삼각포장은 아이들용품을 포장할 때 많이 쓰이고, 발렌타인데이나 크리스마스 선물을 톡톡하게 포장하고 싶을 때도 좋다.

1
주름포장지를 이용해 상자를 포장한다.

2
회색 공단리본으로 삼각상자의 테두리를 감싸고 양끝의 4~5cm 여분을 두고 고정한다.

3
회색 공단리본이 가운데 오도록 상자보다 0.5cm 살짝 나오게 펀칭리본으로 상자 양쪽에 두른다.

4
골지리본으로 밑변 5cm, 윗변 3cm의 사다리꼴 5장을 만든다.

5
밑변 한쪽 끝에서 시작해 옆변, 윗변, 옆변 순서로 이어서 홈질한다.

6
5장을 모두 연결해 실을 꽉 잡아 당겨 꽃을 만든다.

7
6의 가운데 미니장미를 붙여 장식한다.

8
상자의 회색 공단리본을 마무리리본으로 매듭짓고, 나비보우로 묶는다.

9
나비보우 위에 7의 장식을 붙이고, 상자 앞면에 무빙아이와 스티커를 붙여 완성한다.

for you05 **특별한 날을 더욱 특별하게 기프트데이포장**

포춘쿠키포장

> 행운의 메세지

재료

- 초콜릿
- 다양한 색의 아트지
- 마무리리본 1마
- 가죽끈 1마
- 메모지 약간(생략가능)

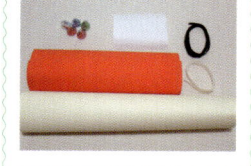

1

아트지는 지름 12cm의 원으로 5장 자른다.

2
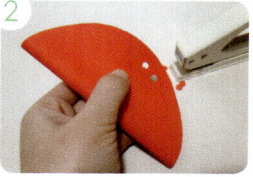
1을 반으로 잡고 약간 비스듬하게 구멍 2개를 뚫는다.

3
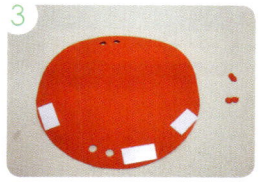
2를 펼친 뒤 사진처럼 테두리에 양면테이프를 붙인다. 초콜릿을 넣을 수 있는 크기로 간격을 벌려 붙인다.

4

구멍을 맞춰 다시 반으로 접는다.

5

4의 구멍을 벌려 초콜릿과 메시지를 담는다.

6

구멍에 리본을 끼워 나비보우를 만든 뒤 완전히 밀봉한다.

tip 재료의 분량은 포장하고자 하는 초콜릿의 개수에 따라 넉넉하게 준비한 뒤 포장한다. 초콜릿 외에도 사탕, 캐러멜과 같은 작은 먹거리를 포장해도 좋다.

7

만두처럼 가운데를 살짝 눌러 접어 완성된다.

for you05 **특별한 날을 더욱 특별하게 기프트데이포장**

부활절에 꼭 필요한 달걀포장

재료

- 삶은 달걀 1개
- 영자무늬 공단리본 (폭 0.3cm) 1마
- 회색 공단리본 (폭 2.5cm) 1마
- 빨간색 공단리본 (폭 1cm) 20cm 1줄
- 체크무늬 공단리본 (폭 2.5cm) 5cm 2줄
- 하얀색 공단리본 (폭 4cm) 8cm 2줄
- 뿅뿅이 1개

1. 체크무늬 공단리본을 반으로 접는다.

2. 1의 접은 선을 기준으로 최대한 뾰족하게 양쪽을 접어 삼각형을 만든 뒤 펴지지 않게 홈질한다.

3. 홈질한 부분이 모이도록 실을 당기고 매듭짓는다.

4. 같은 방법으로 하얀색 공단리본을 접는다.

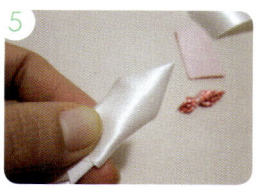

5. 이어서 양쪽 모서리를 접어 사진과 같은 모양을 만든다.

6. 5의 리본 사이에 3의 리본을 올리고 아랫부분을 홈질한다.

7. 같은 방법으로 하나를 더 만든 뒤 2개를 모아 붙여 토끼 귀를 만든다.

8. 매듭이 풀리지 않는 선에서 최대한 남은 부분을 잘라낸 다음 원하는 위치를 정하고 달걀 위에 붙인다.

9. 빨간색 공단리본으로 나비보우를 만들어 귀의 매듭진 곳을 감추고, 뒷부분에 뿅뿅이를 붙여 꼬리를 만든다.

10. 눈코입을 펜으로 그린다. 회색 공단리본을 도넛모양이 되도록 1마 전부를 홈질한다.

11. 실을 당겨 주름을 잡으면서 도넛 모양으로 만들고 달걀을 올린다.

12. 영자무늬 공단으로 11의 달걀을 2~3번 감고 나비보우로 매듭지어 고정해 완성한다.

for you05 **특별한 날을 더욱 특별하게 기프트데이포장**

막대사탕포장
할로윈데이에 어울리는

재료
- 막대사탕 1개
- 랩 적당량
- 스티치 골지마무리리본 1마
- 망사스타킹 1개
- 박쥐패턴 1장
- 빨대 1개
- 펠트 (가로 10*세로 4cm) 1장

1. 사탕의 포장지를 뜯고 랩으로 사탕을 감싼다.

2. 사탕을 감싸고 남은 랩을 모아 풀리지 않게 막대에 꽁꽁 감고, 빨대에 막대를 끼운다.

3. 빨대를 스티치 골지마무리리본으로 감는다.

4. 구멍낸 스타킹을 사탕에 씌워 감싸고 스티치 골지마무리리본으로 풀리지 않게 묶은 뒤 나비보우로 매듭짓는다.

5. 남은 스타킹은 적당한 길이를 남기고 잘라낸다.

6. 박쥐패턴을 이용해 만든 펠트장식을 사탕 위에 붙여 완성한다.

for you05 **특별한 날을 더욱 특별하게 기프트데이포장**

3단 포장

스타킹을 이용한 재미있는

재료
- 상자 3개
- 주황색, 검은색 포장지 각각 2장
- 망사스타킹 1개
- 검은색 양면공단리본 (폭 2.5cm) 2마
- 스티치마무리리본 1마
- 박쥐패턴 1개
- 검은색 펠트 (사방 10cm) 1장
- 하얀색 핫피스 10~15개

1
상자를 주황색, 검은색으로 포장하고, 박쥐패턴을 펠트 위에 놓고 따라서 오린다.

2
망사스타킹에 구멍을 내고 사방 10cm 크기로 자른 후 끝을 박쥐 날개처럼 모양을 낸다.

3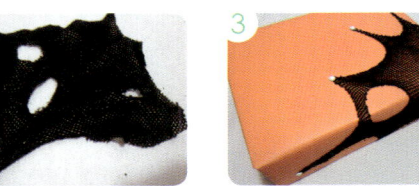
상자 위에 구멍 난 스타킹을 올리고 핫피스를 붙여 고정한다.

4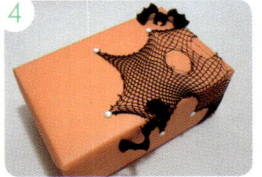
박쥐모양 펠트를 원하는 위치에 붙인다.

5
같은 방법으로 상자를 꾸미고 크기별로 쌓는다. 검은색 리본을 전체적으로 둘러 고정한다.

6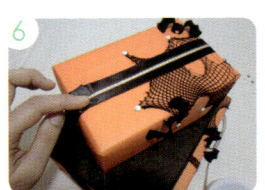
스티치마무리리본을 검은색 리본 중간을 지나도록 감싼 뒤 고정한다.

7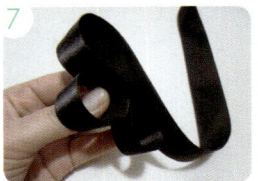
검은색 리본 끝을 동그랗게 잡아 글루로 고정한 뒤 이어서 '∞'자로 리본을 접어 보우를 만들어 가운데를 글루로 고정한다.

8
같은 방법을 3번 반복해 고정하고 리본꼬리는 자르지 않는다.

9
원하는 위치에 리본장식을 상자에 붙이고, 꼬리는 자연스럽게 내려뜨린 뒤 V자로 끝을 잘라 마무리한다.

for you05 **특별한 날을 더욱 특별하게 기프트데이포장**

크리스마스에 마음을 전해요 **삼각별**포장

재료

- 삼각형 상자 2개
- 빨간색 펀칭포장지 1장
- 풀색 펀칭포장지 1장
- 초록색 골지리본 (폭 2.5cm) 1마
- 스트라이프 금사리본 (폭 2cm) 1마
- 크리스마스 이니셜리본 (폭 1.5cm) 1마
- 빵끈 1개
- 크리스마스장식 1개

1

빨간색과 풀색 포장지로 각각 포장한 상자를 사진처럼 별모양이 되도록 엇갈려 놓는다.

2

골지리본을 상자 사이에 걸어서 1번 감싼 뒤 싱글보우로 매듭짓는다.

3

2의 골지리본과 'x'자가 되도록 금사리본을 상자 사이에 걸어서 싱글보우로 매듭짓는다.

4

이니셜리본도 같은 방법으로 엇갈려 놓고 싱글보우로 매듭짓는다.

5

크리스마스장식 고리에 빵끈을 달아서 세 개의 리본을 1번에 엮어 달아 완성한다.

for you06 **이보다 더 화려할 순 없다 럭셔리포장**

코르사주포장 1

코르사주의 기본!

재료
- 원형상자 1개
- 금색 공단리본 (폭 2.5cm) 5마
- 펠트(지름 5cm) 1개

1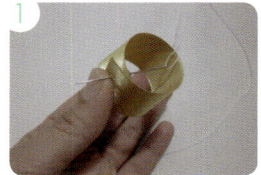
공단리본을 22cm로 10줄, 11cm로 1줄 잘라서 준비한다.

2
11cm 리본을 동글게 말아서 사진처럼 안쪽 중심에 바늘을 넣는다.

3
중심을 기준으로 좌우 한 땀씩 바느질하고 매듭은 짓지 않는다.

4
22cm로 자른 리본을 중심을 기준으로 양끝을 모아접고, 3에 이어 실로 꿴다.

5
리본 10장을 모두 이어서 꿴 다음 실을 강하게 잡아당겨서 매듭짓는다.

6
모아진 리본을 양손으로 잡아 엇갈려 돌려 모양을 잡는다. 코르사주 형태가 결정되는 중요한 과정!

7
사진처럼 코르사주가 완성된다.

8
원형상자 안쪽에 테이프로 리본을 고정해 '+'자로 장식한다.

9
7의 코르사주를 상자 가운데 올린 후 손으로 잡아 위로 끌어당기듯 꽃을 정리해 마무리한다.

tip 코르사주를 정리할 때 손에 힘을 빼고 달걀 쥐듯이 살짝 잡아 정리해야 풍성하게 만들 수 있다.

for you06 **이보다 더 화려할 순 없다 럭셔리포장**

작은 상자에 어울리는 코르사주 포장 2

재료
- 정사각형 상자(소) 1개
- 금사 아트지 ½장
- 갈색&금색 투톤 메탈리본 (폭 2.5cm) 2마

1 아트지로 상자를 포장하고, 사진처럼 상자에 리본을 올려 길이를 정한다.

2 리본을 '∞'자로 여러 번 접어 8개의 고리를 만든다.

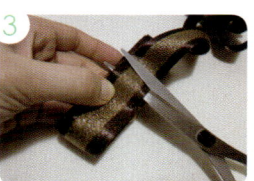

3 이어서 리본 1/3 지점에서 잘라 리본 끝을 정리한다.

4 리본 중앙 양쪽 모서리에 V자로 가위집을 깊게 넣는다.

5 바늘과 실을 이용해 풀리지 않게 단단히 감아 매듭짓는다.

6 리본고리를 좌우로 하나씩 빼내 꽃모양을 만든다.

7 리본을 매만져 풍성하게 만든다.

8 7의 코르사주를 상자 위에 올려서 고정해 완성한다.

> **tip** 정사각형 상자는 대각선 길이를 기준으로 모양을 잡고, 직사각형 상자는 넘칠 것처럼 큼직하게 모양을 잡는 게 가장 예쁘다.

for you06 **이보다 더 화려할 순 없다 럭셔리포장**

가베라코르사주 포장

더욱더 화려하게~

재료

- 상자 1개
- 분홍색 아트지 1장
- 보라색 공단마무리리본 7마
- 분홍색 공단마무리리본 3마
- 큐빅 나비장식 1개
- 펠트 약간

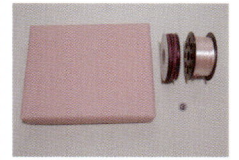

tip 가베라코르사주는 가운데가 비어 있어 글루가 굳는데 시간이 오래 걸린다.

1 포장한 상자 가운데에 리본을 고정한 뒤 사진처럼 리본으로 상자를 감싼다. 이때 리본이 흐트러지지 않게 중간에 글루로 고정한다.

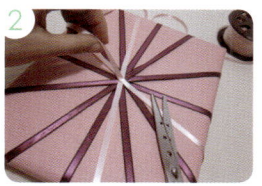

2 분홍색 리본은 대각선으로 마주보는 모서리 2개에 걸어 돌려 포인트를 준다.

3 보라색 리본은 8cm로 36~40줄, 보라색 리본은 7cm로 13~15줄로 자른 뒤 보라색 2줄, 분홍색 1줄을 반으로 접어 실에 끼운다.

4 같은 방법으로 리본을 계속 끼운다. 마지막으로는 분홍색 리본을 끼워 마무리한다.

5 이어서 실에 꿴 리본을 도넛처럼 둥글게 잡아서 매듭을 짓는다.

6 분홍색 리본을 위로 올리고, 보라색 리본을 일정한 간격으로 편다.

7 리본이 움직이지 않게 둥근 모양을 따라 글루로 고정한다. 그 위 큐빅 나비장식을 붙인다.

8 코르사주를 붙일 상자 중앙에 펠트를 둥글게 오려 붙이고, 글루를 많이 바른다.

9 코르사주 모양이 흐트러지지 않게 널빤지로 옮겨 상자에 붙여 마무리한다.

for you06 **이보다 더 화려할 순 없다 럭셔리포장**

하늘거리는 모습이 매력! 접시꽃장식포장

재료
- 상자 1개
- 연보라색 펄주름지 1장
- 펀칭리본(폭 2cm) 1마
- 검은색 폴리원단 (지름 5cm) 6장
- 하얀색 폴리원단 (지름 6cm) 6장
- 하얀색 무광 진주구슬 (지름 1.2cm) 3~5개
- 하얀색 무광 진주구슬 (지름 0.5cm) 6~9개
- 검은색 무광 진주구슬 (지름 0.8cm) 3~5개
- 검은색 보석아크릴 3개

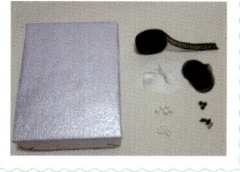

1
펀칭리본의 잔여물을 테이프로 깔끔하게 정리한다.

2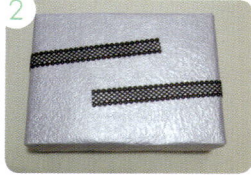
펄주름지로 포장한 상자에 리본이 평행을 이루도록 감는다.

3
동그랗게 자른 원단의 끝을 올이 풀리지 않게 라이터로 살짝 태운다.

4
하얀색과 검은색 원단을 겹쳐 놓고 진주구슬과 보석을 원하는 스타일로 끼워 꾸민다. 진주장식이 달린 꽃장식을 3개를 만든다.

5
남은 원단을 색별로 겹쳐 반으로 접고 다시 3등분으로 접어 살짝 주름을 잡는다.

6
이어서 풀리지 않도록 홈질한다. 같은 방법으로 2장을 더 만든다.

7
원하는 위치에 꽃을 올리고 글루로 고정한다.

8
남은 진주장식으로 펀칭 리본을 꾸며 마무리한다.

tip 남은 꽃장식은 핀에 붙여 악세사리로 만들 수 있다.

for you06 **이보다 더 화려할 순 없다 럭셔리포장**

물결코르사주 포장

물이 일렁이는 듯한

재료
- 상자 1개, 원단 아트지 1장
- 양면 메탈리본(폭 4cm) 2마
- 금색 공단리본(폭 1cm) 1마
- 꽃심 약 20개
- 금색 반쪽진주(지름 1cm) 3~5개
- 금색 반쪽진주(지름 0.5cm) 5~10개
- 집개 겸용 브로치 1개
- 펠트 약간

1 메탈리본을 45도로 접어서 핀을 이용해 고정한다.

2 같은 모양이 나오도록 앞뒤로 접으며 핀으로 고정한다.

3 삼각형이 한 줄은 11개, 다른 한 줄은 7개가 나오도록 접는다.

4 3의 리본을 동그랗게 모아 양끝의 삼각형을 안으로 끼워 넣어 겹친다.

5 리본을 겹친 부분부터 한 쪽만 홈질한다.

6 홈질이 끝나면 매듭짓지 않고 실을 그대로 잡아당겨 코르사주를 만든다.

7 두 개의 코르사주를 겹쳐서 하나의 코르사주로 만든다.

8 꽃심을 정리해서 코르사주 구멍에 끼우고 글루로 고정한다.

9 코르사주 뒷면에 펠트를 붙이고 브로치를 단다.

10 포장한 상자를 금색공단을 이용해 '十'자로 감싸고, 9의 브로치를 단다. 마지막으로 상자에 반쪽진주로 장식해 마무리한다.

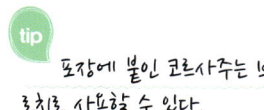

tip 포장에 붙인 코르사주는 브로치로 사용할 수 있다.

for you06 **이보다 더 화려할 순 없다 럭셔리포장**

고급스러운 느낌이 가득한 가시장미포장

재료
- 상자 1개
- 느티나무무늬 도금수입지 1장
- 금색 공단리본(폭 2.5cm) 1½마
- 은갈색 공단리본 (폭 4cm) 1½마
- 펠트(가로 5*세로 10cm) 1장
- 검은색, 하얀색, 갈색 깃털
- 각각 2~3장
- 원형브로치 1개

1
포장한 상자에 가로 1/3, 세로 1/3지점에 금색 공단리본으로 장식한다.

2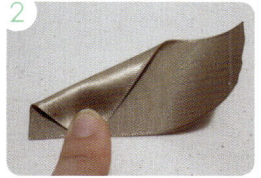
은갈색 리본을 8cm로 자르고, 1/3 지점에서 사선으로 접는다.

3
사선으로 접은 곳의 1/2지점부터 안쪽으로 접는다.

4
이어서 밑이 통통하게 손가락을 살짝 넣은 상태에서 만다.

5
사진처럼 통통하게 말은 리본을 풀리지 손으로 쥔다.

6
손으로 쥔 부분을 실로 꽉 감은 뒤 매듭지어 꽃심을 완성한다.

7
은갈색 리본을 8cm로 16줄 잘라서 준비하고, 반으로 접는다.

8
접은 선을 기준으로 양끝을 모아 삼각형으로 접는다.

9
양끝의 꼭지점을 가운데로 모아 접는다.

10
이어서 9의 리본과 같은 방법으로 하나를 더 접어 1/2가 겹치도록 놓고 홈질한다.

11
16줄의 리본이 이어질 때까지 계속 홈질해 연결한다.

12
꽃심을 기준으로 10의 리본을 쭉 돌리면서 글루를 발라 고정한다.

13
꽃잎 끝에 글루를 바른 다음 뾰족하게 손으로 만져 모양을 잡는다.

14
완성한 장미를 뒤집어 꽃심의 끝을 자른다.

15
펠트를 핀보다 2mm 정도 더 크게 자른 후 깃털을 붙인다.

16
15에 장미장식을 붙이고 브로치에 고정한다.

17
펠트를 가로 1*세로 1.5cm로 2장을 자르고 양끝에 글루를 발라 붙인다.

18
17의 펠트 사이에 코르사주핀을 끼운다.

19
핀의 버클을 닫고 펠트에 글루를 바른 후 상자에 붙여 마무리한다.

tip 취향에 따라 15줄(꽃심 1줄, 꽃잎 14줄)로도 잘라서 가시장미를 만들어도 좋다.

for you06 **이보다 더 화려할 순 없다 럭셔리포장**

봄처녀의 산뜻함을 가진 장미다발코르사주 포장

재료
- 상자 1개
- 도트무늬 펄아트지 1장
- 아이보리색 공단리본 (폭 2.5cm) 3마
- 아이보리색 공단마무리리본 2마
- 수정구슬장식 2마
- 진주구슬 5~7개
- 펠트(지름 5cm) 1장
- 펠트(사방 10cm) 1장

1 포장한 상자에 공단마무리리본 끝을 고정한 뒤 자연스럽게 감는다.

2 원하는 대로 감은 뒤 처음 리본을 고정한 곳으로 와서 공단마무리리본을 고정한다.

3 수정구슬장식도 같은 방법으로 상자를 감는다.

4 공단리본을 직각이 되도록 아래로 접는다.

5 접어서 생기 사선의 중심을 기준으로 반으로 접는다.

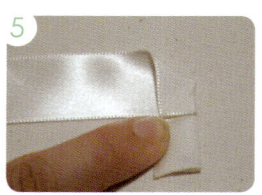

6 다시 반을 접어서 돌돌 말아 꽃심을 만든다.

7 가로로 있는 리본을 뒤로 접는다.

8 리본이 살짝 꼬이도록 7의 리본을 앞으로 보내면서 말아 접는다.

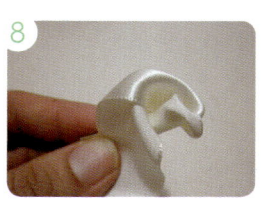

9 지름 3cm의 장미가 나올 때까지 계속 돌려 접어서 꽃을 만든다.

10 바늘로 꽃심의 아랫부분을 통과하고 실로 감아서 매듭을 짓는다.

11 같은 방법으로 총 6개를 만든다. 5개를 동글게 나란히 붙이고 남은 1개를 위에 올려 반구형태를 만든다.

12 공단리본 24cm로 4장을 자른 뒤 중심을 기준으로 양끝을 모아 접어 글루로 고정한다.

13 2장씩 '+'자 모양으로 고정한 뒤 2개의 리본을 다시 교차되도록 놓고 붙인다.

14 13 위에 반구형태의 알장미다발을 고정한다.

15 상자 위에 13의 꽃을 붙이려는 위치에 놓고 구슬로 꾸민다.

16 14를 펠트(지름 5cm)를 붙인 브로치에 고정하고, 2겹의 펠트를 핀에 꽂아 상자에 붙여 마무리한다.

tip
· 알장미는 리본을 접어서 돌리면 사이즈가 점점 늘어나므로 취향에 따라 크기를 정해도 좋다.
· 알장미는 처음 꽃심과 리본을 돌려서 꽃잎을 만들 때 각도가 중요한 기술이다. 틀어지는 각도에 유의하며 꽃을 접는다.

for you06 이보다 더 화려할 순 없다 럭셔리포장

상자보다 풍성해요 작약코르사주 포장

재료
- 원형 상자
- 금박 펄아트지 1장
- 검은색 망사리본 (폭 8cm) 1½마
- 갈색 스웨이드리본 1마
- 금색 꽃수술 30~40개
- 펠트(지름 5cm) 1장
- 자동핀(길이 6cm) 1개

1
포장한 상자에 망사 리본으로 감싸고 양면테이프로 고정한다.

2
1 위에 스웨이드리본을 감은 뒤 트리플보우를 만들어 매듭짓는다.

3
금색 꽃수술을 테이프에 일정하게 13~15개 정도 올리고 만 뒤 가운데를 자른다. 4개의 꽃심을 만들어 준비한다.

4
망사리본을 지름 5~6cm의 원으로 20장 만들고, 반으로 접어 그 끝을 살짝 잘라서 타원형 꽃잎을 만든다.

5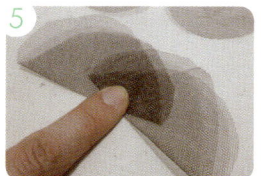
타원형 리본을 엇갈리게 반으로 접은 뒤 사진처럼 겹친다.

6
이어서 리본이 펼쳐지지 않게 홈질해 연결한다.

7
리본을 모두 연결한 뒤 망사가 뜨지 않도록 실을 천천히 잡아당겨 자연스럽게 주름을 잡는다.

8
만들어 놓은 꽃심 4개를 글루로 고정하고 끝을 자른다.

9
8의 꽃심에 글루를 많이 발라서 펠트 위에 고정하고 꽃잎을 두른다.

10
풍성하게 코르사주가 만들어지면 핀을 붙인다.

11
10의 코르사주핀을 상자를 감은 스웨이드에 끼워서 완성한다.

tip
포장에 쓰이는 코르사주는 한 번 사용하면 버리게 된다. 코르사주에 브로치나 핀을 붙여 상자에 붙이면 포장을 뜯은 다음에도 사용할 수 있어 좋다.

for you06 이보다 더 화려할 순 없다 럭셔리포장

회오리장미포장

때론 세련되게~

재료

- 접이식 삼각형 종이백 1세트
- 빨간색 공단리본A (폭 2.5cm) 1½마
- 빨간색 공단리본B (폭 4cm) 1마
- 원형 브로치 1개
- 펠트(지름 6cm) 1장

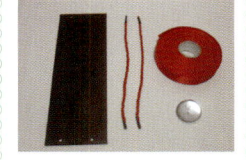

1
접이식 종이백을 접은 뒤 상자의 1/3 지점을 리본으로 감싼다.

2
공단리본A를 10cm로 5줄을 준비하고, 한쪽만 사선으로 자른다.

3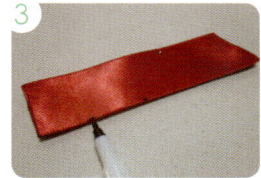
2의 리본을 겹친 뒤 펜으로 2cm, 3.5cm 간격으로 점을 찍어 표시한다.

4
리본을 한꺼번에 힘껏 눌러서 표시한 첫 번째 점까지 돌돌 말다.

5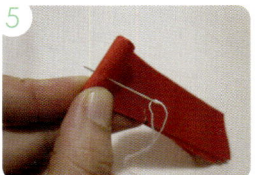
풀리지 않도록 홈질하고 매듭짓는다.

6
리본을 세워 넓은 면이 밑으로 가게 놓고 리본을 사진처럼 'ㄴ'자로 홈질한다.

7
3.5cm 지점까지 홈질한 뒤 실을 당겨 매듭짓는다.

8

5장을 모두 같은 방법으로 홈질해 매듭짓는다.

9

마지막 꽃잎을 기둥을 중심으로 살짝 말아 글루를 바른 후 앞 꽃잎과 연결한다.

10

5장의 꽃잎을 같은 방법으로 연결한다.

11

공단리본B를 밑변 9cm의 사다리꼴로 5줄 자른다.

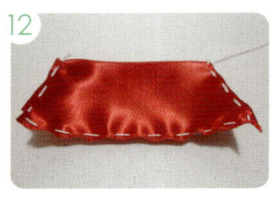

12

사진처럼 'ㄷ'자로 홈질하고 실을 잡아당긴다.

13

4줄의 리본도 같은 방법으로 홈질해서 연결하고 매듭짓은 뒤 양끝을 연결해 꽃잎을 만든다.

14

원형으로 자른 펠트에 13의 꽃잎, 9의 꽃잎 순으로 고정한다.

15

뒷면에 브로치를 붙인다.

16

종이백에 15의 브로치를 달아 완성한다.

for you06 **이보다 더 화려할 순 없다 럭셔리포장**

블랙&화이트의 조화 와이어꽃포장

재료

- 사이즈 다른 상자 각각 1개
- 하얀색 마름모엠보싱 펄아트지 1장
- 검은색 펄구김지 1장
- 갈색&금색 투톤 메탈리본 (폭 2.5cm) 2마
- 검은색 공단리본 (폭 2.5cm) 2마
- 검은색 밴드커버 (폭 1cm) 3마
- 와이어 2마
- 금색 꽃수술 약 50개
- 금색 반쪽진주 (지름 1cm) 약 5~10개
- 금색 반쪽진주 (지름 0.5cm) 약 5~10개

큰 상자포장

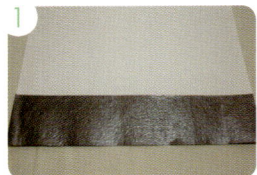

1 하얀색 펄아트지에 검은색 구김지를 붙인다.

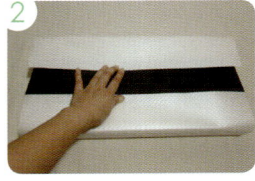

2 검은색 구김지가 상자의 중앙에 오도록 상자에 맞춰 재단한 뒤 사진처럼 포장한다.

3 상자 옆면도 검은색 구김지가 보이도록 접어 붙인다.

작은 상자포장

4 상자에 맞춰 종이를 자르고 사진처럼 상자를 감싼 뒤 양 모서리를 살짝 접어서 표시한다.

5 4 위에 검정색 구김지를 올리고 시침핀으로 표시한다.

6 표시한 면적 안의 마름모 패턴을 칼로 잘라서 구멍을 낸다.

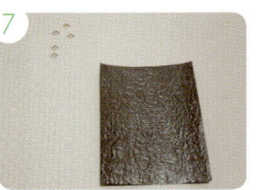

7 구멍을 낸 포장지 뒷부분에 검은색 구김지를 덧댄다.

8 4의 포장지로 상자를 포장한다.

9 2개의 상자에 사진처럼 메탈리본으로 장식한다.

와이어꽃 만들기

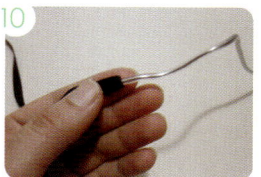
10
와이어를 밴드커버에 끼운다.

11
10의 와이어를 둥글게 만들어 꼬아서 고정한다.

12
11의 고리를 기준으로 5개의 꽃잎을 가진 꽃모양을 만든 다음 와이어를 자른다.

13
같은 방법으로 12보다 크게 4개의 꽃잎을 가진 꽃모양을 만든다.

14
12와 13의 꽃을 겹쳐서 하나의 꽃을 만든다.

15
꽃수술을 테이프에 가지런히 올린 뒤 말아서 모은 뒤 가운데를 잘라 꽃심을 만든다. 이렇게 만든 꽃심으로 5를 장식한다.

16
상자를 2단으로 올린 뒤 검은색 공단리본으로 상자의 중심을 기준으로 X자로 감싼다.

17
리본 모양일 흐트러지지 않게 가운데에서 단단하게 매듭짓는다.

18
17의 상자에 와이어꽃 장식을 붙인다. 와이어꽃은 펠트로 고정한 뒤 코르사주로 만들어 달아서 고정해도 된다.

19
17의 매듭짓고 남은 리본꼬리는 회오리처럼 말아서 글루로 붙인다.

20
금색 반쪽진주로 장식해 완성한다.

리본공예 전문점

다양한 리본과 부자재가
고루 갖춰진 업체.
도소매로 재료를 판매하며,
저렴한 가격으로 물건을
구매할 수 있다.

가베리본 www.gaberibbon.com
리본리본 www.ribbonribbon.com
리본가게 www.ribbongage.net
리보네 www.ribbonne.com
엔소엔 www.ensoen.com

고급스러운
수입리본이 많다.
일반 리본보다
가격이 좀 비싸지만
색다른 느낌으로 액세서리를
만들고 싶을 때
사용하면 좋다.

리본수 www.ribbonsu.com
리본스토리 www.ribbonstory.co.kr
리본마루 www.ribbonmaru.com
홀리코 www.holyco.co.kr

다양한 종류의
리본은 물론 포장재료,
부자재 등도 구입이 가능하다.
포장재료가 필요할 때
한번 둘러보자.

금구아트 www.kumkuart.com
플러스리본 www.plusribbone.com
샤인선물포장 www.shinepojang.com

원단, 면리본을 판매한다.
리본이 아닌 원단으로
특별한 리본DIY를 하고 싶다면
참고하자.

tip
가베리본, 코튼빌, 원단천국에서
리본과 원단을 구입하고,
포장지 구입은
주로 금구아트를 이용했다.

코튼빌 www.cottonvill.co.kr
원단천국 www.wondanck.co.kr
꼼지락 www.ggomjilak.com
리본이랑천이랑 www.ribbon1000.com

Index

ㄱ
가베라코르사주포장 238
가시장미포장 244
가채밴드 038
강아지포장 204
개나리요정핀 051
곰돌이똑딱핀 048
공주의 빗살핀 144
구름가득헤어밴드 084
구름빵헤어밴드 065
궁중댕기 138
궁중포장 192
기저귀케이크 180
꽃잎가득코르사주 078

ㄴ
나비보우포장 162
날개포장 218
눈꽃송이목걸이 062

ㄷ
단추핀 116
달걀포장 226
달맞이코르사주 134
달콤캔디핀 025

더블나비보우포장 166
더블리본핀 104
도트포장 202
들꽃똑딱핀 100
떡포장 188

ㄹ
럭셔리핀 130
레이디반지&귀걸이 032
레이디헤어밴드 136
로맨틱핀 088
루돌프헤어밴드 152

ㅁ
마린슈슈 094
마시멜로슈슈 067
막대사탕포장 228
물결코르사주포장 242
미키마우스헤어밴드 150
밀짚모자핀 109

ㅂ
바니걸슈슈 068
바이올렛코르사주 122
발레리나헤어밴드 052

배씨헤어밴드 145
벚꽃슈슈 036
베이비포장 210
별바라기헤어장식 124
별별포장 206
보송보송귀마개 095
보자기포장 196
볼펜&타월포장 183
봄봄헤어밴드 076
봄소풍핀 026
부채포장 220
분홍꽃밴드 034
브라운가리비핀 128
블랙스완밴드 046
블랙시크핀 126
비즈리본핀 132

ㅅ
삼각별포장 232
삼각포장 222
3단포장 230
소공녀똑딱핀 154
쇼핑백포장 213
스마일헤어밴드 112
스카프포장 176

스트라이프핀 082
시골풍경슈슈 106
시크릿그물핀 044
싱글나비보우포장 160

ㅇ
오리엔탈포장 200
애플핀 074
앨리스헤어밴드 086
약밥포장 186
양머리비니 040
X-mas브로치 156
엣지핀 098
연꽃비녀 140
연둣빛머리핀 143
예단포장 198
와이어꽃포장 255
와인포장 178
우비소녀브로치 110
인디걸헤어밴드 102
인디언슈슈 114

ㅈ
작약코르사주포장 250
장미다발코르사주포장 247

장미핀 022
저고리포장 194
접시꽃장식포장 240
종이찢기포장 170
주름레이스포장 174
지젤의 모자핀 053

ㅊ
책포장 168
천사표컬칩+엄마용 헤어핀 027
체크보우타이 090

ㅋ
카르멘의 핀 056
커플리본핀 060
컨트리포장 172
코르사주포장1 234
코르사주포장2 236

ㅌ
털방울포장 208
토끼헤어밴드 111
트리플보우포장 164
트윈버터플라이핀 120

ㅍ
파도소리헤어밴드 054
파스타포장 216
포춘쿠키포장 224
폭신폭신헤어밴드 030
프로방스헤어밴드 080
플라워슈슈 042
피크닉헤어밴드 072

ㅎ
하이디헤어밴드 070
하트핀 093
함박꽃어깨장식 058
호박헤어밴드 148
호피헤어밴드 118
화동부케 190
회오리장미포장 252

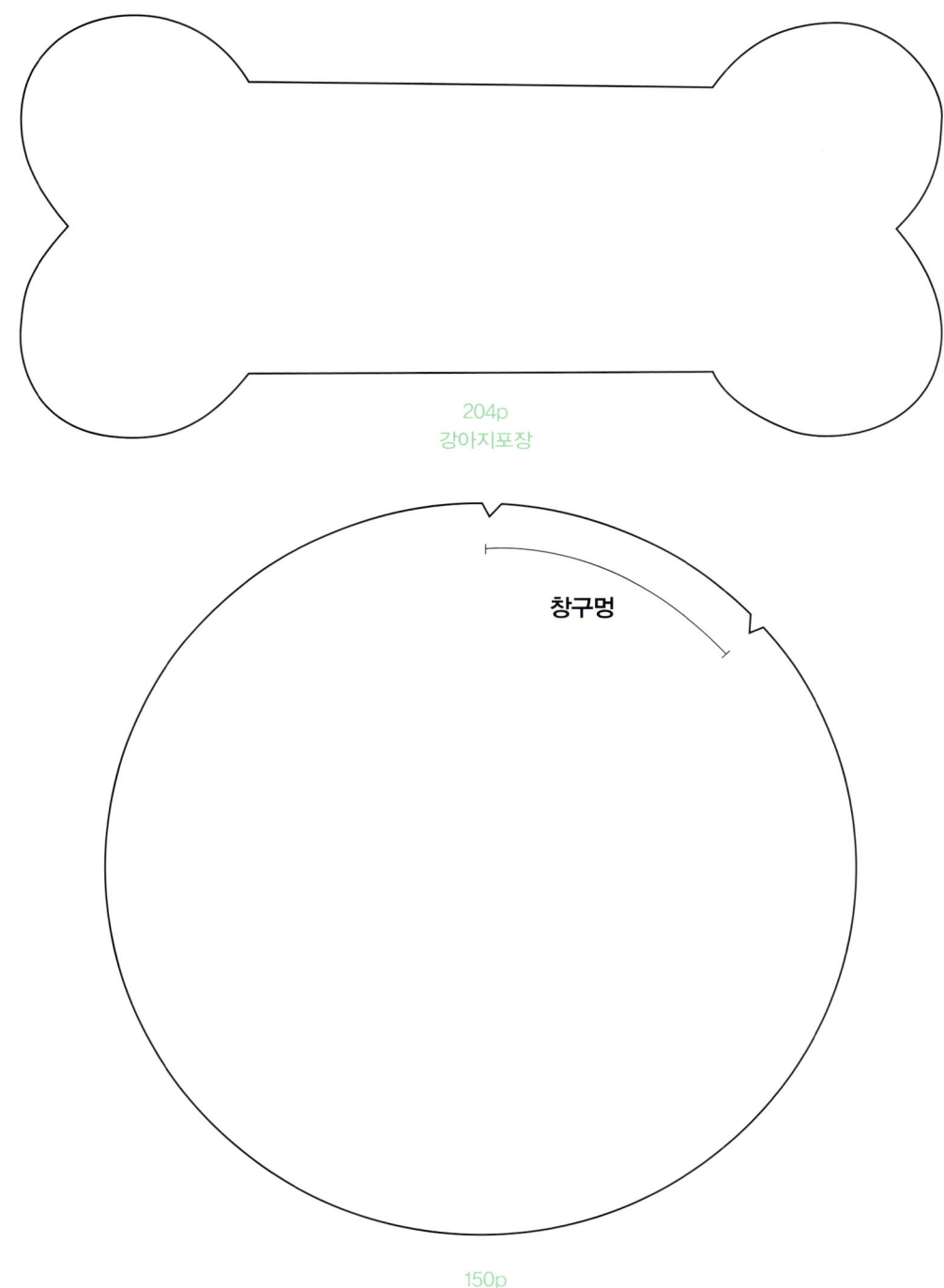

204p
강아지포장

창구멍

150p
미키마우스헤어밴드

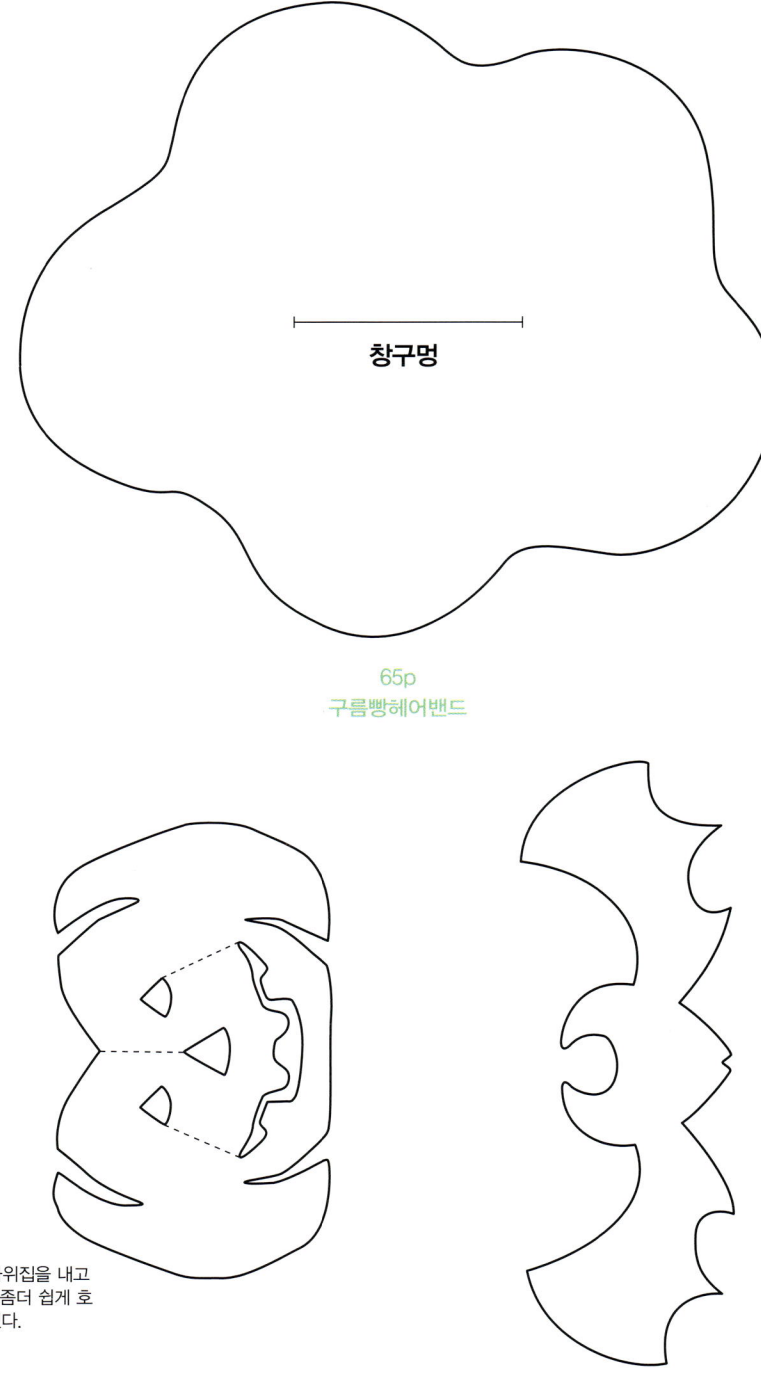

창구멍

65p
구름빵헤어밴드

tip 점선을 따라 가위집을 내고 눈, 코, 입을 오리면 좀더 쉽게 호박패턴을 만들 수 있다.

148p
호박헤어밴드

228p 막대사탕포장
230p 3단포장

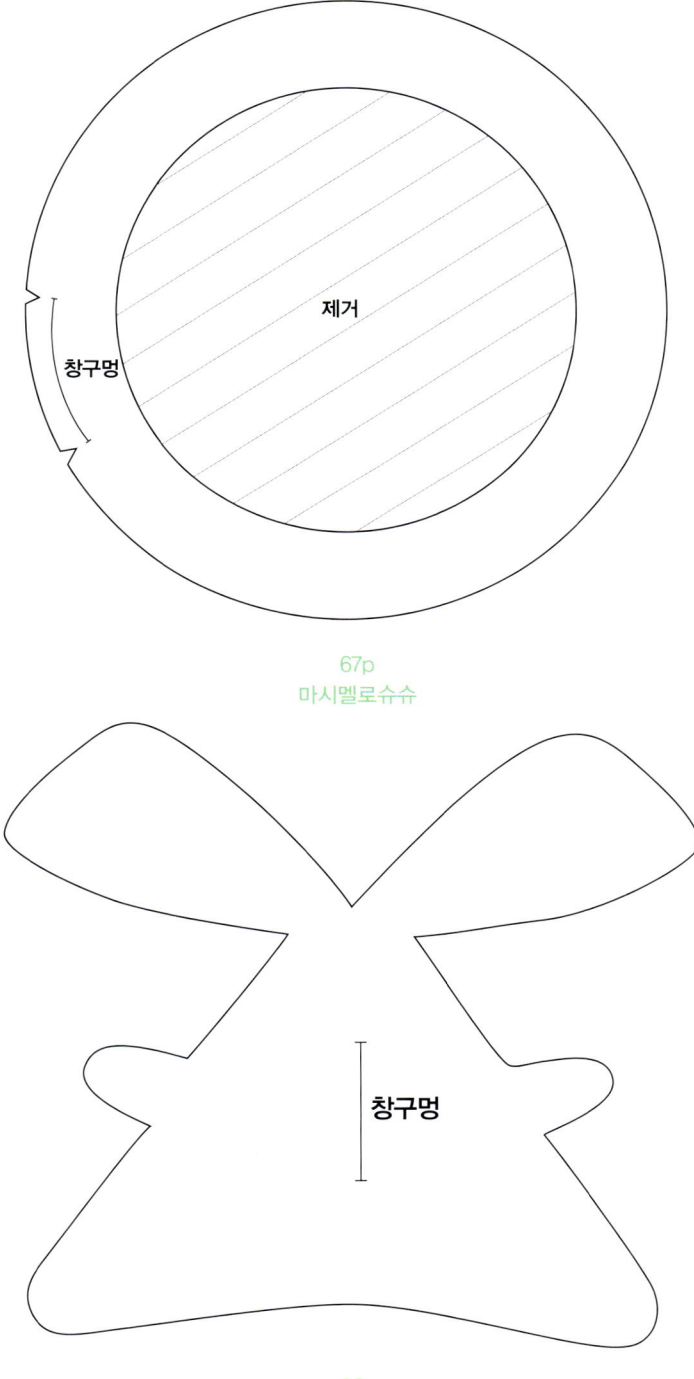

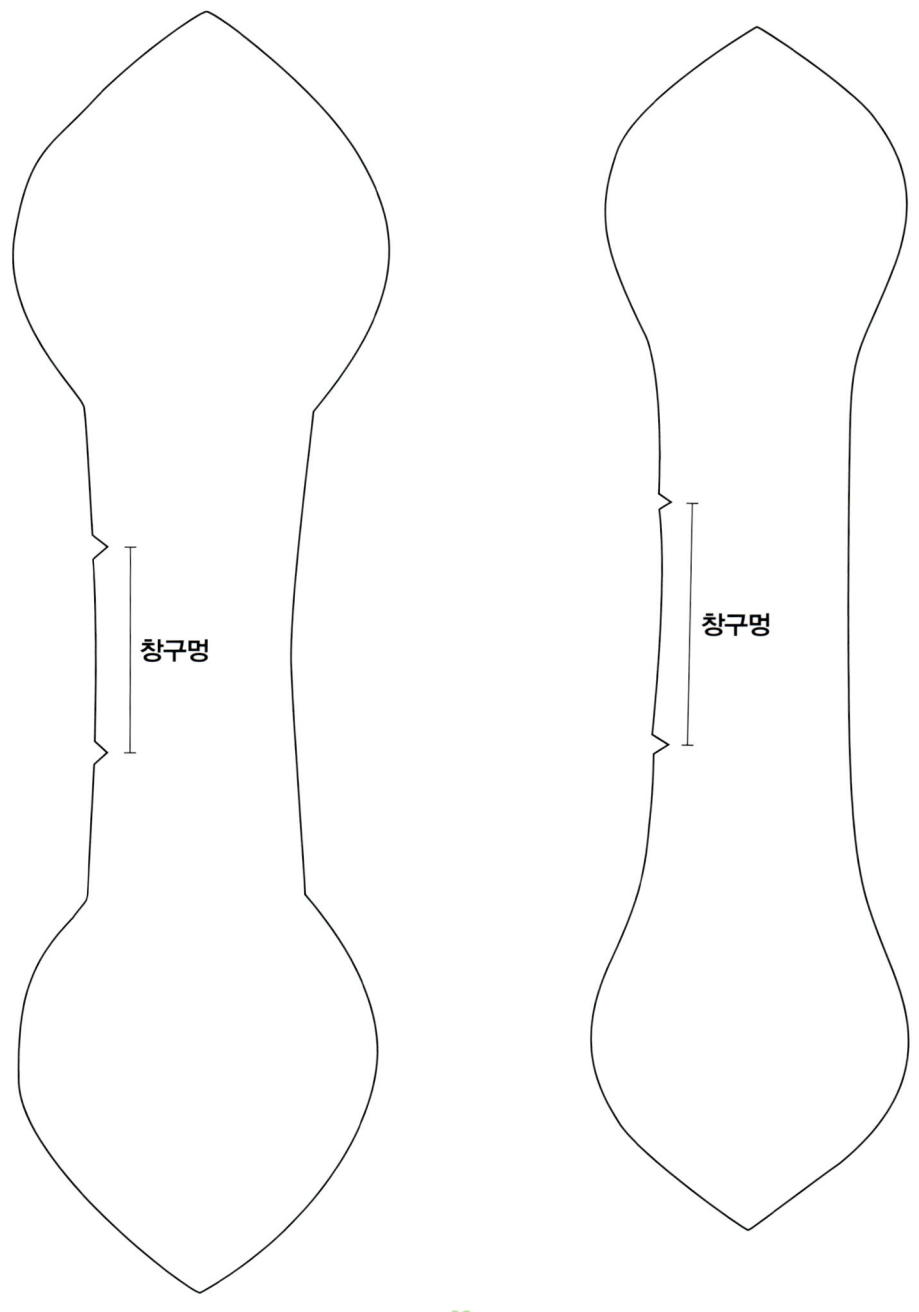